ぜんぶ絵でわかる

建築設備

2

飯野秋成

X-Knowledge

はじめに

建築設備がコントロールしているのは、我々の身の回りに日常的に存在する空気、水、そして電気です。空気の温湿度やエアロゾル濃度、水量や水質、電気のアンペアやボルトに常に緻密な制御を施しながら、そのことを意識させることなく、そっと我々の生活に寄り添ってくれています。

設備は通常、舞台裏に丁寧に隠された存在で、常に裏方、わき役に徹しています。日常生活において主役となることはそうないでしょう。ただ、もし設備設計の方法や運用の方法に適切でない部分があるとすると、例えば、長年にわたって余計なエネルギーを使い続けてしまったり、無用な設備の修理費用がかさんでしまったりする可能性もないわけではありません。ヘタをすると、近隣との無用なトラブルを招いたり、日常生活自体が立ち行かなくなることとも危惧されます。

本書の開発にあたっては、「見えないものを日常的にコントロールしてくれる、隠された存在」である建築設備にあらためてスポットライトを当て、空気、水、電気のコントロールのしくみを「可視化」することに主眼を置きました。設備を専門としない方にも、設備分野で中核的な話題となる物理法則や専門用語、ニュースでしばしば扱われる話題、近年の技術革新を網羅しながら、図と絵で追っていけばわかる構成としています。しくみを理解できれば、イザというときに冷静な対処ができます。あわせて、建築物の規模や用途などをヒントに適切な設備を導入する場合の基本的な考え方にも触れましたので、新築を考えている方々などにも多くのヒントを提供できるのではと思っ

ています。また、より専門性を深めたい技術者の方には、実務の相棒として、また、建築士の学科試験対策の導入の一助として、広く活用されるシーンがあるものと考えています。

近年は、新築のオフィスビルの竣工時などに、設備見学会が開催されることも多くなってきました。先端的な省エネルギー関連の設備的工夫を丁寧に説明してもらえる機会は、設備の専門家にとっても大変ありがたいものです。身近に機会があればぜひ参加されると、本書の図と絵が、より生きた知識に展開できることでしょう。

2022年10月吉日　飯野秋成

飯野秋成（いいの・あきなる）

新潟工科大学工学部工学科 建築都市学系教授。長岡造形大学非常勤講師。建築設備、建築環境工学、設計製図、建築系CAD、等の授業を担当。建築系大手予備校においても、学科I（計画）、および学科II（環境・設備）のレクチャーを精力的にこなす。東京工業大学工学部建築学科卒。同大学院総合理工学研究科社会開発工学専攻修了、博士（工学）。大阪芸術大学通信教育部芸術学部卒、学士（芸術）。

現在は、サウンドスケープ、デザイン論、芸術史、3DCG、VRなどの論文や音楽作品の制作に取り組みつつ、快適空間の創造に関する新たな研究テーマの開拓を進めている。

建築関連の取得資格に、一級建築士、建築設備士、建築設備診断技術者（BELCA）、第二種電気工事士、インテリアプランナー、ファシリティマネジャー。その他、気象予報士、第一種情報処理技術者、福祉住環境コーディネーター2級、フォトマスター検定準1級、MIDI検定1級、マインドマップ・アドバイザー（ブザン教育協会）など資格多数。

東京工業大学大学院在学中に開発した、都市熱環境の予測アルゴリズムにより、特許「熱環境の予測方法およびプログラム」（2005）を取得。汎用CAD「VectorWorks」上で動作する屋外熱環境の設計支援ツール「サーモレンダー」（エーアンドエー株式会社）のコア・アルゴリズムに採用されている。

第 **3** 章

電気設備

第 **6** 章

建物の用途別
設備設計と運用

STAFF

キャラクターイラスト………くまみね

解説イラスト・トレース………長岡伸行

装丁・デザイン………三木俊一（文京図案室）

組版………竹下隆雄（TKクリエイト）

印刷・製本………シナノ書籍印刷

第 1 章
空気調和設備

空気調和設備とは、建物の中で生活したり働いたりする人にとって快適な室内温度や空気環境を保ち、調整するための設備のことです。換気・冷房・暖房が要になり、人々の安全や健康を守るために欠かせない位置付けにあります。

空気調和の目的

私たちは普段、室内にいても特に意識することなく清浄で快適な空気に身を委ねています。室内空気を快適な状態に調整するための仕組みを**空気調和**（空調）と呼び、部屋の使用目的に応じて、室内空気の温度・湿度・気流・清浄度などの条件を人工的な方法で調整します。

温度の調整

空気を暖める（暖房）、もしくは冷やす（冷房）などの方法で調整する

湿度の調整

空気が乾燥していれば加湿、湿度が高ければ除湿して調整する

気流の調整

空気の流れの速度や方向、気圧や分布を調整する

清浄度の調整

空気に含まれる粉じんやほこり、ガスなどの有害物質を取り除くなどで調整する

室内空気の環境基準

事務所や学校など一定条件を満たす施設については、室内空気の環境基準は法（建築物における衛生的環境の確保に関する法律・通称、建築物衛生法）により定められている

項目	基準値	適用設備
浮遊粉じんの量	空気1m³につき0.15mg以下	
一酸化炭素の含有率	10／1,000,000（0.001%）以下	
二酸化炭素の含有率	1,000／1,000,000（0.1%）以下	空気調和設備・機械換気設備
ホルムアルデヒドの量	空気1m³につき0.1mg以下	
気流	0.5m／秒以下	
温度	17℃以上28℃以下	
相対湿度	40%以上70%以下	空気調和設備

4種の換気方式と仕組み

換気には主に4種類の方式があります。第一種換気方式は、給気・排気ともに機械換気を行う方法。確実に換気量の確保ができます。第二種は給気を機械、排気を自然で換気します。第三種は給気側が自然、排気を機械で換気する方法で、第四種は給気・排気ともに自然換気です。

第一種換気方式（機械＋機械）

給気排気共に、ファンなどの機械で行う最も完全な方式。室内を正・負圧どちらにもコントロール可能。劇場、映画館、地下室、実験室、厨房、高気密住宅、屋内駐車場など、換気量を調節する必要の高いところで用いられることが多い

正・負圧コントロール可能

冷気　換気

第二種換気方式（機械＋自然）

給気を機械、排気を自然換気で行う方式。室内が正圧に保たれることで、屋外からの汚染物質の侵入を防ぐ効果がある。常に清潔にしなければならない清浄室、燃焼用空気が必要なボイラー室などで用いられる

正圧

給気　換気

第三種換気方式（自然＋機械）

給気を自然、排気を機械換気で行う方式。室内が負圧に保たれるため、室内で発生した臭いや水蒸気が周囲に漏れない。倉庫や、住宅の台所、便所、浴室など、主に室内で発生する汚染物質などを除去したい場所で用いられる

負圧

給気　換気

第四種換気方式（自然＋自然）

給気・排気共に自然に任せる方式（自然換気）。機械による動力は不要だが、換気量は安定しない。室内発熱の大きな工場などで用いられる。室内圧はやや負圧となる

換気

やや負圧

給気

代表的な空調方式

店舗やオフィスなど、ビルディングタイプで、床面積が3,000㎡以上（学校の場合は8,000㎡以上）の建物には、法で定められた適切な空調設備を設ける必要があります。ここでは、代表的な空調方式の分類を紹介します。

熱源の設置場所による空調方式分類

空調設備には、空気を暖めたり冷やしたりする、冷凍機やボイラーなどの「熱源」が必要。この熱源の設置場所によって、空調方式は**セントラル（中央熱源）方式**と**個別（分散熱源）方式**に大別される

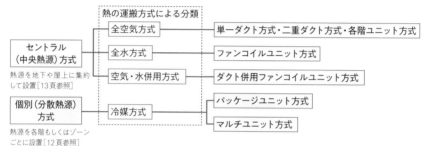

単一ダクト方式

熱源中央機械室に設置した空気調和機から単一（1本）のダクトを立ち上げ、各階に分岐させて冷風や温風を供給する方式。現状もっともシンプルで一般的な方法で、定風量・可変風量方式がある

ファンコイルユニット方式・ダクト併用ファンコイルユニット方式[※1]

熱源中央機械室に設置したボイラーや冷凍機などの熱源から、各階に設置したファンコイルユニットに冷温水の熱媒を供給。ユニット内の送風機によって室内空気と熱交換し、各階に冷温風を送る方式

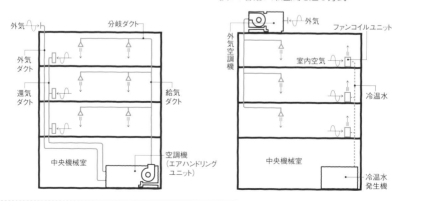

※1 ファンコイルユニット方式と単一ダクト方式を組み合わせた方式。ファンコイル形式に加え、外気のみを調和する換気用の空調機を設けてダクトを通じて各室に新鮮な空気を供給する仕組み

個別(分散熱源)方式

前項では、大まかな空調分類をご紹介しました。この項では、**個別**(分散熱源)**方式の空調**について詳しく説明します。身近なところでは、住宅用のエアコン設備が**個別**(分散熱源)**方式**の良い例です。室外機と室内機が直結しており、冷凍機やボイラーなどの熱源を設けない空調方式です。室内機ごとの運転や個別制御が可能で、熱源を設置する中央機械室も必要ないため、省スペースにも有効です。

個別式空調

室外機と室内機を直結させているだけで、冷凍機やボイラーの無い空調方式。住宅や小規模なビルディングに用いられている場合が多い。下図のようなシステムによりで快適な室温を実現するが、エアコン自体には換気の機能は一切ない。このため、エアコンとは別に換気ダクトを設けて室内に新鮮な外気も導入するケースも多い

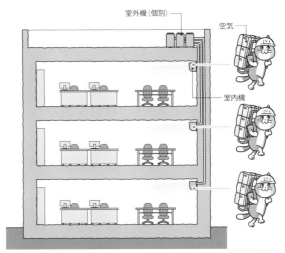

室外機から取り入れた空気を適温に調節し、各階の室内機から個別に吹き出す仕組み

個別式空調の仕組み

室外機の配管内には**フロンガス**と呼ばれる液体(冷媒)が満たされている。これにより、夏は外気に熱を捨てさせ、冬は外気から熱を吸い込ませることができる。この液体を室内機の中に移動させ、室内空気を吸い込んで配管に当てることで、適温になった空気が室内に吹き出す

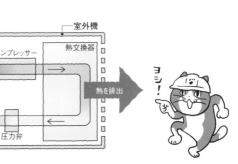

セントラル（中央熱源）方式

この項では、**セントラル**（中央熱源）**方式の空調**について詳しく説明します。中央熱源機械室に設置した空気調和機からダクトを通じて温風や冷風を各室に供給するシンプルな仕組みです。単一ダクト方式は設置や保守管理のコストも比較的低いため、オフィスや店舗など中規模のビルで用いられることが多いのですが、各室ごとの温度調整がしにくいのがデメリット。ファンコイルユニット方式は個別の温度調整ができるため、ホテルや病院などで採用されています。

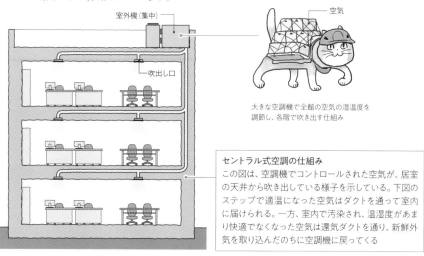

大きな空調機で全館の空気の湿温度を調節し、各階で吹き出す仕組み

セントラル式空調の仕組み
この図は、空調機でコントロールされた空気が、居室の天井から吹き出している様子を示している。下図のステップで適温になった空気はダクトを通って室内に届けられる。一方、室内で汚染され、温湿度があまり快適でなくなった空気は還気ダクトを通り、新鮮外気を取り込んだのちに空調機に戻ってくる

住宅におけるセントラル式空調の例

まずエアフィルターで空気中のほこりや粉じんなどを除去する。夏季は、別室の冷凍機から数℃に冷やされた冷水が届けられる**冷却コイル**に空気を当てることによって温度を下げる。冬季は冷凍機を止め、別室のボイラーから数十℃の温水が届けられる**加熱コイル**によって空気の温度を上昇させる。冬季は空気が乾燥しがちなので、必要に応じて加湿器で加湿する

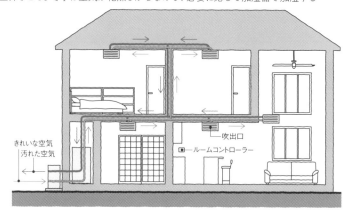

セントラル式空調設備の配置

オフィスなどでセントラル式空調設備を設置する場合、空調機（AHU）は、どのように配置すればよいのでしょうか？ それぞれのAHUが担当する建物内ゾーンによって変わりますが、ここでは非住宅建築物（ビルディング）を想定し、下図で解説します。

セントラル空調システムの配管系統図

屋上には単独で冷温水を発生できる空冷ヒートポンプチラー（RA）を配置。RHの能力が不足する場合に補助的にRAを作動させる

RHに来た不要な熱は、屋上のクーリングタワー（CT）まで冷却水によって運ばれて、外気に放散される

ファンコイルユニット（FCU）は、窓際の熱負荷処理や、AHUに代わって天井付けとすることでインテリアゾーンを担当するケースも

AHUからは、送風機とダクトを通じて担当ゾーン内の各室に空調空気を届ける。冷温水を受け取ったAHUは、夏期には冷水コイルに空気を当てて冷たい空気をつくり、冬期には温水コイルで空気を当てて暖かい空気をつくる

冷温水機（RH）から、送りヘッダー2つ（HCHS1と2）を通ってAHUとFCUに冷温水が送られる。AHUでは冷水が温まったり温水が冷めたりするためHCHR1を通してRHに戻す

エネルギー源をRHは重油またはガス、RAは電気と分けることで、空調設計の自由度と信頼性を高めているんだ

設備記号

記号	名称	記号	名称	記号	名称
CT	冷却塔	−CD−	冷却水（送り）	ポンプ	
RH	吸収式冷凍機	−CH−	冷温水管（送り）	−CDR−	冷却水（返り）	IN	インバーター制御装置
HCHS	冷温水ヘッダー（送り）	−CHR−	冷温水管（返り）		電動二方弁	M	流量計
HCHR	冷温水ヘッダー（返り）	−C−	冷水管（送り）		電動三方弁	T	温度検出器
RA	空冷ヒートポンプチラー	−CR−	冷水管（返り）	TE	膨張タンク	P	圧力検出器

ヒートポンプの原理と働き

ヒートポンプとは、空気中の熱を汲み上げて、必要な場所に「移動させる」技術です。住宅で主に使われるマルチ型エアコンでは、室内機と屋外機とを冷媒配管で接続し、凝縮器と蒸発器の役割を室内と屋外で切り替えることで、冷房にも暖房にも**ヒートポンプ**を使えるようにしています。

ヒートポンプの原理

ヒートポンプは熱を「つくる」のではなく、空気中にもともとある熱を「集めて運び、利用する」技術なので、少ないエネルギーで大きな効果が期待できるエコな技術だと言える。戸建て住宅で用いられるルームエアコンは、室内機と屋外機が1対1で接続されたヒートポンプの代表例といえる

外部の熱を集める

集めた熱エネルギーを利用して暖冷房を行う

COPとAPF

COP (Coefficient Of Performance) とAPF (Annual Performance Factor) は、成績係数ともよばれる。どちらもヒートポンプの効率を示す指標で、COPは消費電力1kW(投入エネルギー)あたり、どの程度の冷暖房能力を発揮できるかを表し、APFは一定の条件(JIS C9612)の元にエアコンを運転した際の消費電力1kWhあたりの冷暖房能力を表わす

計算式

$$COP = \frac{定格冷房・暖房能力(kW)}{定格消費電力(kW)}$$

$$APF = \frac{冷暖房期間の室内除去・供給熱量(kWh)}{年間の消費電力量(kWh)}$$

COPはカタログ燃費、APFは実燃費というイメージでとらえておこう!

ルームエアコンにおけるヒートポンプの働き

冷房と暖房で仕組みが異なる。ヒートポンプの冷房モードと暖房モードは四方弁で切り替える。圧縮機は機械的な発熱を加熱に利用できるので、通常は暖房のCOPの方が冷房のCOPよりやや大きくなる

冷房の場合

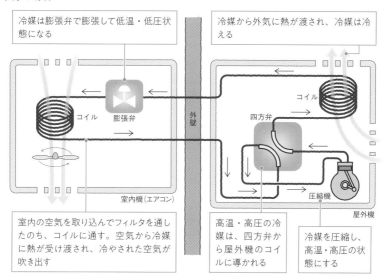

冷媒は膨張弁で膨張して低温・低圧状態になる

冷媒から外気に熱が渡され、冷媒は冷える

コイル

膨張弁

外壁

コイル

四方弁

圧縮機

室内機(エアコン)

屋外機

室内の空気を取り込んでフィルタを通したのち、コイルに通す。空気から冷媒に熱が受け渡され、冷やされた空気が吹き出す

高温・高圧の冷媒は、四方弁から屋外機のコイルに導かれる

冷媒を圧縮し、高温・高圧の状態にする

暖房の場合

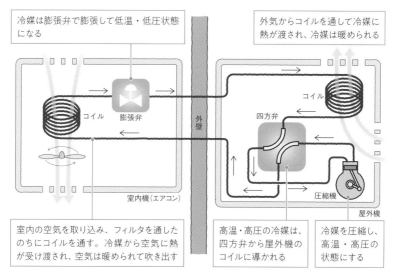

冷媒は膨張弁で膨張して低温・低圧状態になる

外気からコイルを通して冷媒に熱が渡され、冷媒は暖められる

コイル

膨張弁

外壁

コイル

四方弁

圧縮機

室内機(エアコン)

屋外機

室内の空気を取り込み、フィルタを通したのちにコイルに通す。冷媒から空気に熱が受け渡され、空気は暖められて吹き出す

高温・高圧の冷媒は、四方弁から屋外機のコイルに導かれる

冷媒を圧縮し、高温・高圧の状態にする

外気から熱をくみ上げる暖房モードの場合、外気温が7℃以下になると暖房のCOPが大きく低下する

圧縮式と吸収式冷凍機の違い

冷凍機は、空気調和機に送る冷水を製造する役割をもつ設備で、チリングユニット、あるいはチラーとも呼ばれます。冷房の冷たい空気をつくるほか、除湿でも活躍します。

圧縮式冷凍機

圧縮式冷凍機は、エネルギー源を電気として冷温水を発生させる機械。フロンに代表される冷媒は、常温付近において圧縮すると温度の高い液体になり、膨張させると温度の低い気体になる特性がある。**①冷媒を膨張させ、室温より低い状態にして室内空気と触れさせ室内から熱を奪う ②冷媒を圧縮し、外気より高温の状態にして外気と触れさせ、外気に熱を捨てる**というプロセスを繰り返す冷房システムである。ピストンの往復運動を利用したレシプロ冷凍機、高速回転する羽根車により圧縮を実現するターボ冷凍機、回転軸に圧縮機構をもたせたスクリュー冷凍機、などのバリエーションがある

圧縮式冷凍機の仕組み

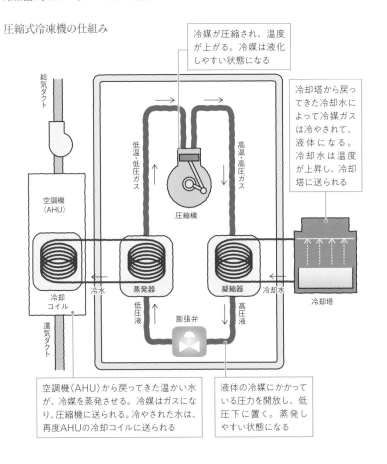

冷媒が圧縮され、温度が上がる。冷媒は液化しやすい状態になる

冷却塔から戻ってきた冷却水によって冷媒ガスは冷やされて、液体になる。冷却水は温度が上昇し、冷却塔に送られる

給気ダクト

空調機（AHU）

低温・低圧ガス

高温・高圧ガス

圧縮機

冷却コイル

冷水

蒸発器

低圧液

膨張弁

凝縮器

高圧液

冷却水

冷却塔

還気ダクト

空調機（AHU）から戻ってきた温かい水が、冷媒を蒸発させる。冷媒はガスになり、圧縮機に送られる。冷やされた水は、再度AHUの冷却コイルに送られる

液体の冷媒にかかっている圧力を開放し、低圧下に置く。蒸発しやすい状態になる

吸収式冷凍機

エネルギー源を重油またはガスとして冷温水を発生させる機械。液体の**臭化リチウム**(**リチウムブロマイド**)は、水蒸気を強く吸収する性質がある。蒸発器内の水を低圧にすると、蒸発器を通過する冷水を冷やすと同時に水蒸気となり、吸収器内の臭化リチウムに吸い込まれる。臭化リチウムは水蒸気を吸い込むことで希釈され、吸収能力が徐々に小さくなるため再生器に送り、熱を加えて水と臭化リチウムを分離し、冷却水で十分冷却したのちに再利用する。コンプレッサーなどの機械動作がないため、圧縮式冷凍機より静かだが、石油やガスの燃焼を伴うため冷凍機の冷却水を大量に必要とする

吸収式冷凍機の仕組み

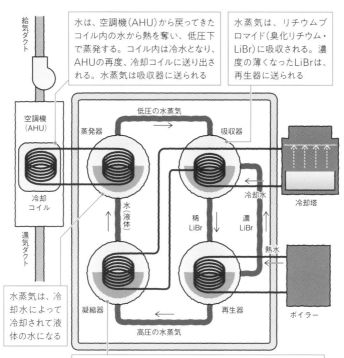

水は、空調機(AHU)から戻ってきたコイル内の水から熱を奪い、低圧下で蒸発する。コイル内は冷水となり、AHUの再度、冷却コイルに送り出される。水蒸気は吸収器に送られる

水蒸気は、リチウムブロマイド(臭化リチウム・LiBr)に吸収される。濃度の薄くなったLiBrは、再生器に送られる

水蒸気は、冷却水によって冷却されて液体の水になる

薄くなったリチウムブロマイド溶液は、ボイラーからの熱で温められることにより水蒸気が分離する。濃くなったリチウムブロマイド液は吸収器に戻され、水蒸気は凝縮器に送られる

圧縮式と吸収式の違いを知っておこう

冷却塔はなぜ必要なのか

冷却塔は、冷凍機の凝縮器に供給するための冷却水を冷やすための設備です。冷却塔は、密閉式と開放式の2種の仕組みがあります。密閉式は初期費用がやや嵩みますがランニングコストを抑えられます。開放式は初期費用を抑えられますが、冷却水の補給やメンテナンスにややコストがかかる傾向があります。

密閉式冷却塔

冷却塔内部の冷却コイルに冷却水を通し、外部から水を噴霧してその蒸発熱で冷却する方式。冷却水自体は大気に解放されないため、水質の劣化や配管の腐食の心配がない点がメリット。ただし、開放式に比較して据付面積がやや大きくなる

密閉式冷却塔

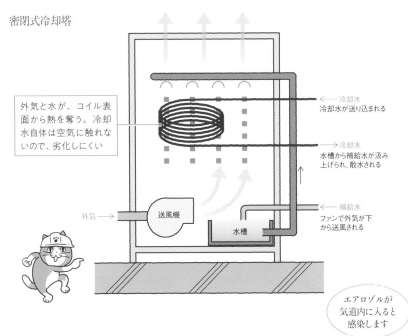

外気と水が、コイル表面から熱を奪う。冷却水自体は空気に触れないので、劣化しにくい

冷却水
冷却水が送り込まれる

冷却水
水槽から補給水が汲み上げられ、散水される

補給水
ファンで外気が下から送風される

外気 →

送風機

水槽

冷却塔廻りの工夫

エアロゾルが気道内に入ると感染します

夏期の冷却塔内の冷却水の水温は、概ね20〜30℃程度で、レジオネラ属菌の繁殖に好適な温度。その飛沫や蒸気を直接的に受けないための配慮が必要である。具体的には、各室の外気取入れ口や窓と冷却塔との距離を10m以上離すことや、飛沫が無用に飛び散らないようにするためのエリミネーターをとりつけること、そして何より冷却塔の定期的な洗浄の実施が不可欠である

開放式冷却塔・向流形(カウンタフロー形)

冷却水を上部から落下させ、外気が下から上に抜けることで、蒸発熱を奪われて冷却される方式。空気は下部から取り込まれて上部に抜けるため、ショートサーキットが起こりにくい。冷却水の流れと逆方向になるため空気抵抗がやや大きくなり、送風機動力は一般に大きい。円筒形の形状が多く、設置面積は小さいが、背が高くなる

向流形の仕組み

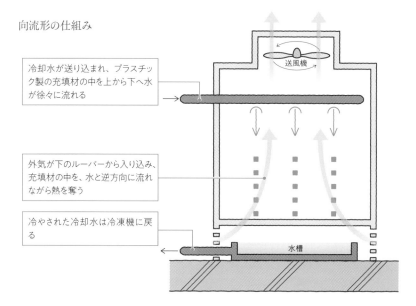

冷却水が送り込まれ、プラスチック製の充填材の中を上から下へ水が徐々に流れる

外気が下のルーバーから入り込み、充填材の中を、水と逆方向に流れながら熱を奪う

冷やされた冷却水は冷凍機に戻る

開放式冷却塔・直交流形(クロスフロー形)

冷却水は上部から落下する途中で、横から外気があたることにより蒸発熱を奪われて冷却される。空気の取り込みが側面全面であるため、向流形に比較するとややショートサーキットが起こりやすい。設置面積はやや大きめ。一般に角形の形状で、高さは低い

直交流形の仕組み

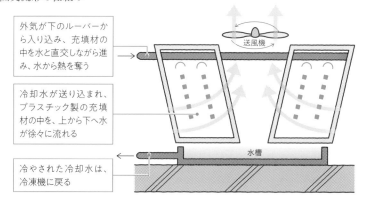

外気が下のルーバーから入り込み、充填材の中を水と直交しながら進み、水から熱を奪う

冷却水が送り込まれ、プラスチック製の充填材の中を、上から下へ水が徐々に流れる

冷やされた冷却水は、冷凍機に戻る

送風機の種類

空調に使われる送風機には、大きく分けて**遠心式**と**軸流式**があります。 遠心式は、ファンの中心に空気を送り込み、ファンの外側に遠心力で空気が流れ出ようとするタイプのファンです。軸流式に比較すると静圧が高いため、特にダクトによる送風のときに多用されます。

送風機の種類と特徴

羽根車の形状によって、ターボファン、多翼ファン、リミットロードファンなどのタイプがある。しばしば用いられるシロッコファンは、多翼ファンの一種である。軸流式は、空気が回転軸方向に流れるタイプの送風機で、比較的低圧力で大風量が必要な場合に用いる。住宅用の換気扇に用いられるタイプである

	種類	多翼式送風機 （シロッコファン）	後向き送風機 （リミットロードファン）	翼式送風機 （ターボファン）
遠心式送風機	形状	羽根／ケーシング	羽根／ケーシング	羽根／ケーシング
	性能 風量[m³/min]	10～2,000	30～2,500	30～2,500
	静圧[Pa]	100～1,230	1,230～2,450	1,230～2,450
	効率[%]	35～70	65～80	70～85
	比騒音[dB]	40	40	35
	特性	風圧の変化に対して風量と動力の変化が比較的大きい。風量の増加とともに軸動力が増加する。運転が静粛	風圧の変化に対して風量と動力の変化が比較的小さい。軸力は動力曲線のリミットロード性が著しい	風圧の変化に対して風量と動力の変化が比較的小さい。オーバーロードしない
	用途	低速ダクト空調用 各種空調用 給排気用	中規模低速ダクト 工場排気用	高速ダクト空調用 空調送排風用

	種類	換気扇 （プロペラ）	軸流送風機	
軸流式送風機	形状	モーター／羽根	モーター／案内羽根／羽根	
			チューブ	ベーン
	性能 風量[m³/min]	20～500	500～5,000	40～2,000
	静圧[Pa]	0～100	50～150	100～790
	効率[%]	10～50	55～65	75～85
	比騒音[dB]	40	45	45
	特性	風圧抵抗に対し風量動力の変化は少ない	吹出し空気は環状で、回転成分を有する	吐き出し空気の回転成分は少ない。動圧が大きい
	用途	小型冷却塔用 ユニットヒータ 換気扇	局所通風 大型冷却塔用	局所通風 トンネル換気

遠心式と
軸流式が
あるよ

ダクト内の圧力

ダクト内の圧力には、**静圧・動圧・全圧**の3種類があります。静圧は「全方向の圧力（ダクトを膨らませようとする圧力）」で、ダクト内壁にかかる圧力として計測できます。また、ファンに近いほど圧が大きくなり、離れるほど小さくなります。動圧は「空気が移動するときの進行方向にかかる圧力」です。直接の測定が難しいのですが、移動速度の2乗に比例するため、一定速度で移動している限りは、ファンからの距離に関係なく一定の値です。全圧は「静圧と動圧の合計」です。

ダクト内の静圧・動圧・全圧の様子

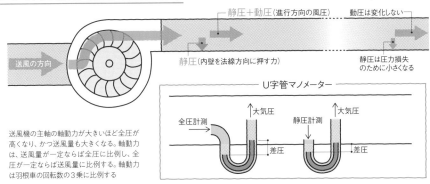

静圧＋動圧（進行方向の風圧）　　動圧は変化しない

送風の方向

静圧（内壁を法線方向に押す力）　　静圧は圧力損失のために小さくなる

U字管マノメーター

全圧計測　　大気圧　　静圧計測　　大気圧

差圧　　差圧

送風機の主軸の軸動力が大きいほど全圧が高くなり、かつ送風量も大きくなる。軸動力は、送風量が一定ならば全圧に比例し、全圧が一定ならば送風量に比例する。軸動力は羽根車の回転数の3乗に比例する

送風機の圧力

$\oplus$

ファン出口では静圧

風の方向

ダクトの空気取入口では動圧

圧力0

ダクトの空気出口では動圧

動圧（常に＋）

全圧

静圧

ファン出口では静圧

$\ominus$

送風抵抗曲線

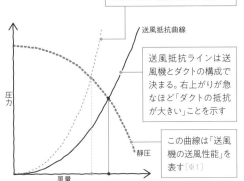

ダクトのダンパを絞った時には、送風抵抗は破線のように変わる

送風抵抗曲線

圧力

送風抵抗ラインは送風機とダクトの構成で決まる。右上がりが急なほど「ダクトの抵抗が大きい」ことを示す

この曲線は「送風機の送風性能」を表す[※1]

静圧

風量

風量は、送風抵抗と送風機の性能で決まる[※2]。風量やダクト内圧力は、風量と静圧の2次元グラフ上にそのダクト固有の送風抵抗曲線（装置抵抗曲線）を描いて検討する必要がある

※1 同じ圧力でも風量が大きいものほど（曲線が右に来るものほど）、トルクが大きく強い送風機であることがわかる
※2 送風機は2台を並列運転すると風量を大きくしやすいが、ダクトの抵抗があるために風量は2倍には達しない。また2台を直列運転すると、ダクト内の静圧を大きくしやすい。抵抗に打ち勝つ能力が高まる分風量はやや増加するが、この場合も2倍には達しない

ダクトのつくりと敷設上の工夫

ダクトとは風を通すための「風道」のこと。空調設備に使用されるダクトは、吸気ダクトや還気ダクト、外気取り入れダクトなどさまざまな種類があります。建物内では、曲げたり分岐させたりしながらダクトを通す必要があるため、適応に合わせてダクトの形状や接続方法を選ぶ必要があります。

ダクトのつくり

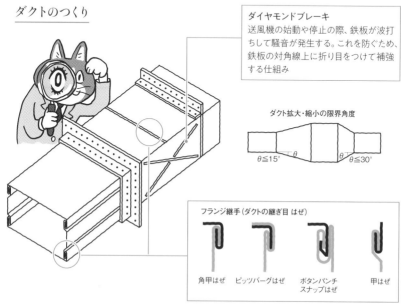

ダイヤモンドブレーキ
送風機の始動や停止の際、鉄板が波打ちして騒音が発生する。これを防ぐため、鉄板の対角線上に折り目をつけて補強する仕組み

ダクト拡大・縮小の限界角度

$\theta \leqq 15°$　　$\theta \leqq 30°$

フランジ継手（ダクトの継ぎ目 はぜ）

角甲はぜ　ピッツバーグはぜ　ボタンパンチスナップはぜ　甲はぜ

フランジ接続部の構造

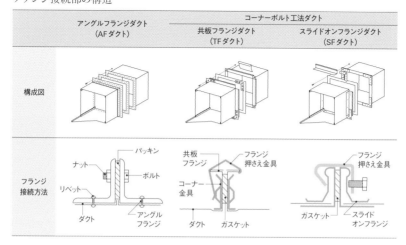

	アングルフランジダクト（AFダクト）	コーナーボルト工法ダクト	
		共板フランジダクト（TFダクト）	スライドオンフランジダクト（SFダクト）
構成図			
フランジ接続方法	ナット　パッキン　ボルト　リベット　ダクト　アングルフランジ	共板フランジ　フランジ押さえ金具　コーナー金具　ダクト　ガスケット	フランジ押さえ金具　ガスケット　スライドオンフランジ

ダクト設計と換気扇機種選定の手順

換気扇の能力は、送る空気の量(風量)と圧力(静圧)で決まり、その数値はP-Q曲線図で表される。換気扇を選択する際はP-Q曲線図を見ながら、必要換気風量と換気経路からの圧力損失(新鮮な空気が外部から取り入れられ、換気扇から外部に排出されるまでの合計抵抗値)を求める。代表的な抵抗要素としては、ダクトやフィルター、排気フード、吸気口、建具などがある。決定までの流れは下記フロー[※]を参照

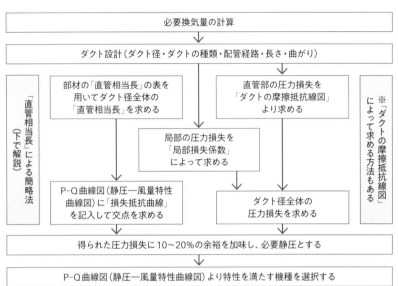

必要換気量の計算

↓

ダクト設計(ダクト径・ダクトの種類・配管経路・長さ・曲がり)

「直管相当長」による簡略法(下で解説)

部材の「直管相当長」の表を用いてダクト径全体の「直管相当長」を求める

直管部の圧力損失を「ダクトの摩擦抵抗線図」より求める

局部の圧力損失を「局部損失係数」によって求める

※「ダクトの摩擦抵抗線図」によって求める方法もある

P-Q曲線図(静圧―風量特性曲線図)に「損失抵抗曲線」を記入して交点を求める

ダクト径全体の圧力損失を求める

↓

得られた圧力損失に10~20%の余裕を加味し、必要静圧とする

↓

P-Q曲線図(静圧―風量特性曲線図)より特性を満たす機種を選択する

「直管相当長」による簡略法を用いれば、簡単なダクト圧力損失の計算から換気扇の機種を選定できる

【1】ダクト・部品圧損の計算
①直管部の長さを合計する
②下表より曲がり部・条件から直管相当長を調べる
③合計直管相当長を算出する(①+②)

【2】機種の選定
P-Q曲線図に併記されているパイプ長さ(パイプ抵抗曲線)を目安に、③で算出した合計直管相当長のパイプ抵抗曲線と、P-Q曲線との交点を読む。この交点の真下が風量値、真横が圧力損失値(静圧値)となる。最終的には、このときの風量が必要換気量より若干多くなる機種を選ぶ(外風や給気圧損などの影響を考慮して余裕をみる)

丸ダクト曲管(直角)の圧力損失一覧

形状図	条件 (R/D)	直管相当長			
		φ 100	φ 150	φ 200	φ 250
	0.5	4.3m	6.5m	8.6m	10.8m
	0.75	2.3m	3.5m	4.6m	5.8m
	1.0	1.5m	2.3m	3.0m	3.8m
	1.5	1.0m	1.5m	2.0m	2.5m
	2.0	0.9m	1.4m	1.8m	2.3m

R:曲がり長さ　D:ダクト径
この表は、丸ダクトの曲管を直管に置き換えた場合の抵抗長を表す
曲がり(R/D)の条件とダクト径によって相当長が異なる
曲がり(R/D)の条件は一般的に1.0または1.5とする

P-Q曲線図

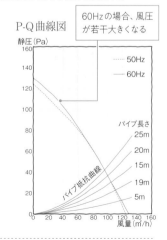

60Hzの場合、風圧が若干大きくなる

静圧(Pa)

- - - 50Hz
— 60Hz

パイプ長さ
25m
20m
15m
19m
5m

パイプ抵抗曲線

風量(㎥/h)

※ フロー出典:『建築設備パーフェクトマニュアル2022-2023』(エクスナレッジ)

全熱交換機

全熱交換器とは、換気のために取り入れる外気を空調機に取り込む前段階で、排気する空調空気の温湿度に近い状態に調整するための装置です。単一ダクト方式の空調では、一般的に室内空気を常に空調機に戻しますが、その一部を外部に捨て、同量の外気を外部から取り込むことで、新鮮な外気を室内に供給します。

全熱交換機の仕組み

全熱とは顕熱+潜熱のことを指す。全熱交換機を用いると、顕熱・潜熱の負荷を共に軽減できる。そのため、空調機に過大な負荷をかけずに空調運転の省エネルギーを達成できる。熱源装置の容量も小さく抑えられる仕組みとして、全熱交換器は広く用いられている

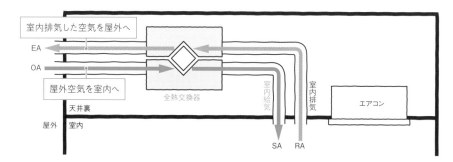

全熱交換機のつくり

特殊なフィルターを介して吸気経路と排気経路を交差させ、室内空気の顕熱・潜熱を吸気側に移動させる仕組みである

病院などクリーンな空気が求められる場所で全熱交換機を採用する場合、外気に含まれているおそれのある細菌などの侵入を防ぐため、吸気側のフィルターは高性能なものにする必要がある

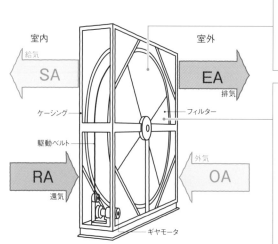

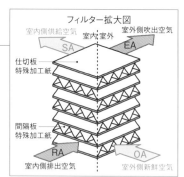

フィルター拡大図

定風量（CAV）・変風量（VAV）方式

単一ダクト方式の空調には、各室に搬送する風量と温度の制御方法が2種類あります。定風量方式と変風量方式で、それぞれにメリットがあります。

定風量（CAV）方式

各室に搬送される風量を常に一定とする方式。この方法では、室温が設定温度より高めになったときには、空調機（AHU）で低温の空気を生成して搬送することで室温を下げようとする。長所としては、新鮮外気を常に各室に一定量届けられることや、各室の温湿度を一様に保ちやすいことなどが挙げられる

CAVとはConstant Air Volumeの略。「一定の空気量」という意味だよ

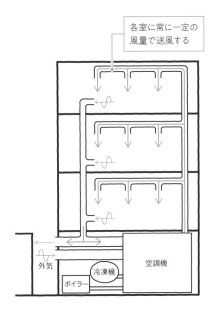

各室に常に一定の風量で送風する

外気　冷凍機　空調機
ボイラー

変風量（VAV）方式

ダンパやノズルでダクトを絞るなどの方法で、各室の風量を個別に調整し、温湿度を調節する方式。この方法では、室温が設定温度より高めになったときには、搬送空気の温度はそのままに風量を増加させることで室温を下げようとする。各室の在室人数や発熱量の変動に対して細やかな追随が可能なので、空調空気の搬送エネルギーをかなり軽減できることが最大の長所である

VAVとはVariable Air Volumeの略。「変化可能な空気の量」という意味だよ

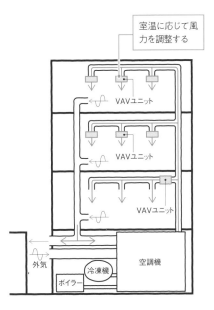

室温に応じて風力を調整する

VAVユニット
VAVユニット
VAVユニット

外気　冷凍機　空調機
ボイラー

空調の吹出口の工夫

吹出口と吸込口は、室の用途などから最適な形状を選定する必要があります。また、室に必要な吹出風量、吸込風量をあらかじめ選定した上で、気流速度が過大・過小にならないよう、開口面積を適切に設定します。吹出口と吸込口は、位置関係によって室内の気流分布が大きく異なり、両者が同じ壁面にある場合には風量を十分取ることによって温度分布を解消できますが、気流感が無視できない場合もあります。両者が対向面にある場合には、気流の流れをコントロールしやすくなります。いずれの場合も、気流によどみが生じない工夫が求められます。

アネモスタット型
パン型
ライン型
バンカ
ルーバー型
ノズル型
ユニバーサル型
ガラリ型
床吹出し口

吹出口の種類

アネモス タット型	・数層に分かれたコーンが放射状に吹き出す ・天井の一般的な吹出口で優れた誘導拡散性を持つ ・天井高さの低い場合に適する
ユニバー サル型	・羽の角度の変更が自由に調節できる ・一般的には、吹出用に用いる
ノズル型	・気流の到達距離が大きいのでホール、劇場などの大空間に用いる
バンカル ーバー型	・吹出気流の性状はノズルと同様であるが、首が振れるようになっていて、気流の方向を変えられる ・厨房、工場などのスポット空調に用いる
ライン型	・ブリーズ型ともいい、ペリメーターゾーンやシステム天井用吹出口、吸い込み口に用いる ・吹出口の位置が自由に変更できる
床置き型	・二重床を使った床吹出空調では、床設置のものが用いられる
ガラリ型	・外壁に取り付け、換気の吸気口、排気口に用いる

吹出し・吹込み口の種類

吹出し口は、大きく「ふく流吹出し」と「軸流吹出し」の二つのタイプに分けられる。吹出空気による室内空気の誘引されやすさを示す指標に「誘引比」【(吹出空気の量+引っ張られて動く室内空気の量)÷吹出空気の量】がある。吹込口は、一般的に用いられているのは格子状のグリル型。羽の角度を変えられるものもある。マッシュルーム型は、劇場の座席下に多数配置されることが多いもので、天井高の高い場所で吹出空気の量とのバランスを取る際に用いられることが多い

劇場や映画館の換気・空調の考え方

例えば、劇場のような大空間では、空調による騒音が生じない配慮が重要となるため、ダクトや吹出口付近の消音・遮音の対策を徹底する必要がある。あわせて、マッシュルーム型とよばれる還気用の小さな吸込口を客席側の座席下に多数設置して、静寂性を確保しながら空調空気を下向きに移動させるとよい。客席側の給気量と吸込み量、舞台上の給気量と（舞台後ろ側の）吸込み量はそれぞれバランスしており、客席側と舞台側のそれぞれでエアバランスがとられている

室内の空気を還気ダクトに戻すための還気口（還気取入口）のことを吸込口という。吸込口は速度分布上、周囲に与える影響は少なく、固定羽根が用いられる。劇場や音楽ホールなどの客席の下に設け、場内に吹き出される空気を客席全体から一様に吸い込ませる場合には、マッシュルーム形吸込口が用いられる

機械室

> 客席側と舞台側のそれぞれで、吸気量と吸込み量のエアバランスがとられている

> 客席の椅子の中に吹出口を仕込んでいる。座面下の空間をチャンバーとして空気を流す

> 吸込口は室内のほこりなどが直接溜まりやすいので、定期的に吹出口の場合と同要領で掃除し、点検する必要がある

マッシュルーム型吸込口

天井高が高い場合の吹出口をどうするか

天井高が高い場合は、特に暖房時には、空調によりあたためられた空気が人の居住域の上部にとどまりやすい。また、冷房時には冷やされた空気が自然に下に降りることから、無用な気流感を生む可能性もある。中央式のファンコイルやビルマルチの室内機を天井に取り付ける場合、大風量を期待しにくいために、どうしても暖房時の空気は居住域に届きにくい。このため定風量単一ダクト方式の採用を基本とし、さらに吹出しの速度と遠達性が期待できるノズル型の吹出口とすることが一般的である

> ノズル型は気流の到達距離が大きいので大空間に適している

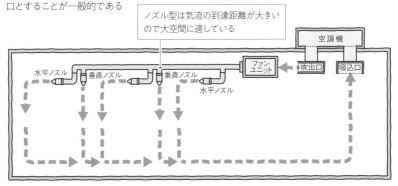

空調機
吹出口 吸込口
ファンユニット
水平ノズル 垂直ノズル 垂直ノズル 水平ノズル

冷房時の空気の状態

冷暖房による空気の状態変化は、**湿り空気線図**によって可視化できます。空気調和機の設計においては、湿り空気線図を用いた検討は必須と言えるでしょう。ここでは冷房時の空気の状態について解説します。

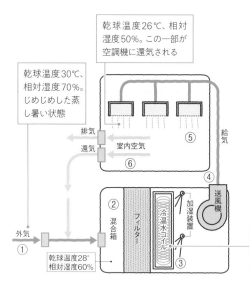

乾球温度26℃、相対湿度50%。この一部が空調機に還気される

乾球温度30℃、相対湿度70%。じめじめした蒸し暑い状態

排気
還気
室内空気
⑤
給気
⑥
④

②
混合箱
フィルター
冷温水コイル
加湿装置
送風機
外気
①
③

乾球温度28°相対湿度60%

冷房の仕組み

冷房時は、室内からの還流空気の一部を新鮮外気と置き換えてから空気調和機に送り込み、温湿度調節した後で室内に送風する。この図では、**外気①**と**室内空気⑥**を混合させた**空気②**が、冷却・除湿によって③となる様子が描かれている。その後、送風機で若干温度上昇して④になり、ダクトからの熱の侵入で⑤となって、室内に吹き出す。湿り空気線図上では、左回りのサイクルとして表される

混合空気を冷水コイルによって露点温度以下まで冷却すると、冷水コイル表面で結露が発生し、空気中の水分は減少する

湿り空気線図（冷房）

冷房時は、**外気①**と**室内からの還気⑤**が混合されて②（コイルに触れずに通過［バイパス］した空気の温湿度）となり、空調機の冷却コイルで冷却・除湿されて③となる。その後、送風機やダクトからの熱取得分の温度が上昇して④になり、これが室内に吹き出されて、⑤で調和する。冷却コイルでは、コイル表面に接触して冷却する空気と、コイルに接触せずにそのまま通過する空気がほぼ一定割合で混合して冷却コイルの出口に達する。このとき、前者の割合をCF（コンタクトファクタ）、後者の割合をBF（バイパスファクタ）と呼ぶ

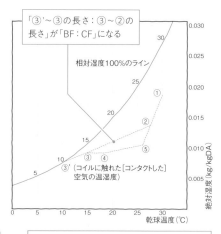

「③'～③の長さ：③～②の長さ」が「BF：CF」になる

相対湿度100%のライン

③'（コイルに触れた［コンタクトした］空気の温湿度）

絶対湿度（kg/kgDA）

乾球温度（℃）

通常、CF（コンタクトファクタ）の値は0.7程度になる！

混合空気の状態点は、湿り空気線図の外気と還気のそれぞれの空気の状態点を結んだ直線上において、それらの質量流量（kg（DA）0/h）の比によって求めることができる

暖房時の空気の状態

前項では冷房時について述べましたが、暖房時の空気の状態も同様に**湿り空気線図**上で可視化できます。ここれは暖房時の状態変化について解説します。

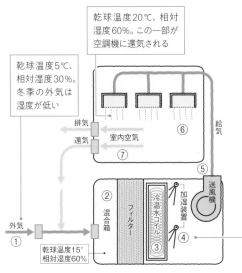

乾球温度20℃、相対湿度60%。この一部が空調機に還気される

乾球温度5℃、相対湿度30%。冬季の外気は湿度が低い

排気
還気
室内空気
⑦

給気

⑥

⑤

外気
①

混合箱
②
フィルター
冷温水コイル
③
加湿装置
④
送風機

乾球温度15°相対湿度60%

蒸気による加湿により、絶対湿度は上昇。乾球温度もやや上昇する

暖房の仕組み

暖房時の外気は、図においては温度、湿度とも低い①の状態。**室内からの還流空気の一部⑦と外気①**とが混合して②となり、加熱コイルで暖められて③となる。必要に応じて、加湿器によって④まで水蒸気量が高められた後、送風機で加熱されて⑤となり、ダクトによる熱損失の後に⑥となって、室内に吹き出される

湿り空気線図（暖房）

暖房時は、**外気①と室内からの還気⑦**とが混合されて②となり、さらに空調機の加熱コイルで加熱されて③、加湿器によって加湿されて④となる。その後、送風機からの熱取得によって⑤、ダクト表面からの熱損失によって⑥（上図では④≒⑥）になる。これが室内に吹き出されて、⑦で調和する。全熱交換器で熱交換させる場合には、冷房、暖房時ともに、湿り空気線図上の混合ポイントは、やや室内空気側に近づくため、空調機の負荷が減り省エネルギーになる

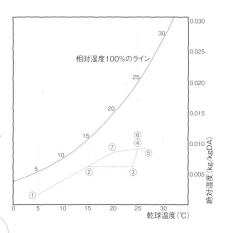

相対湿度100%のライン

絶対湿度（kg/kgDA）

乾球温度（℃）

湿り空気線図上では、左回りのサイクルになる

換気回数の目安

室内で発生する熱には、人体発熱、家電やOA機器などから発生する熱、そして外部から侵入する熱（壁体の貫流熱、窓からの日射入射、すきま風など）があります。これらを除去しながら、快適な温度でバランスさせるのが空調設備の役割です。室温を快適範囲内にキープするための必要換気量（送風量）は、**ザイデル式**によって求められます。

ザイデル式

必要換気量（送風量）とは「室内の空気を衛生的に保つために、換気する必要のある空気量」のこと。必要換気量を求めるには**ザイデル式**を用いる。これは室内を出入りする空気量と、その空気中の汚染物質などの変化量との関係に注目した数式である

外気の CO_2 濃度（P_o）

室内の CO_2 濃度（P_i）

CO_2 の発生量（K）

換気量（Q）

室内に入ってくる CO_2 の量（P_oQ）

換気量（Q）

室外に出ていく CO_2 の量（P_o）

計算式（ザイデル式）

$$必要換気量 Q\,[\mathrm{m^3/h}] = \frac{発生量 K\,[\mathrm{m^3/h}]}{室内の CO_2 濃度 P_i - 屋外の CO_2 濃度 P_o}$$

※CO_2濃度が%の場合1/100倍、ppmの場合1/1,000,000倍に変換する

換気回数

室容積 V $[\mathrm{m^3}]$ の室内に、換気量 Q $[\mathrm{m^3/h}]$ がある場合、Q が V の何倍であるかを表す数値 N を換気回数とよぶ。単位は $[回/h]$ である

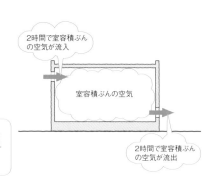

2時間で室容積ぶんの空気が流入

室容積ぶんの空気

2時間で室容積ぶんの空気が流出

計算式

$$換気回数 N\,[回/h] = \frac{換気量 Q\,[\mathrm{m^3/h}]}{室容積 V\,[\mathrm{m^3}]}$$

住宅における換気回数の目安

建物では、部屋の用途ごとに必要な換気量の目安が定められている。建築基準法では、住宅の
リビングの換気回数は0.5回／h以上（2時間ですべての空気が入れ替わる計算）と定められている。
また、シックハウス対策［35頁参照］により、すべての居室での24時間換気システムの設置が
義務付けられた。ちなみにオフィスなどにおける必要換気量は、建築基準法では20㎥／h・人と
されていたが、新型コロナウイルス対策のため30㎥／h・人が厚生労働省により推奨されてい
る（2022年5月現在）

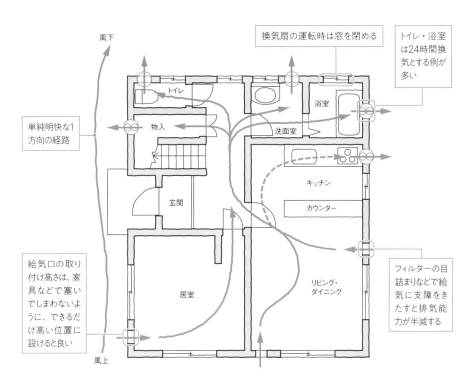

風下

換気扇の運転時は窓を閉める

トイレ・浴室
は24時間換
気とする例が
多い

単純明快な1
方向の経路

トイレ

物入

浴室

洗面室

玄関

居室

キッチン

カウンター

リビング・
ダイニング

給気口の取り
付け高さは、家
具などで塞い
でしまわないよ
うに、できるだ
け高い位置に
設けると良い

フィルターの目
詰まりなどで給
気に支障をき
たすと排気能
力が半減する

風上

必要換気回数の目安（㎥）

住宅		商業関連施設		機械室など		教育施設など	
浴室	〜5	厨房	〜40（小サイズ） 40〜（大サイズ）	一般的な機械室	4〜	体育館	5〜
トイレ	〜10（利用頻度小） 10〜（利用頻度大）	駐車場	10〜	ボイラー室	6〜		
				自家発電機室	10〜		

レストランなどの厨房は、給気量以上の換気量とすることにより、熱、湿気、臭いなどの排出を優先する。ボイラー室は、換気量に
加えて燃焼空気量についても十分な量を確保すべく換気回数を定めている

空気質の基準

私たちが普段生活している部屋やオフィスの「空気の質」を保つのは、健康のためにもとても大切なことです。ここでは、二酸化炭素（CO_2）をはじめ、室内環境に悪影響を与える物質とその基準について解説します。

二酸化炭素（CO_2）

無色、無臭で空気より重い。低濃度では人体に害はないが、18％以上になると致死的。人間の呼気の4％程度を占め、一般に室内のCO_2濃度を高める主要因となる。建物内のCO_2濃度は、厚生労働省の建築物環境衛生管理基準で1,000［ppm］（＝0.1％）以下に保つよう定められている。燃料の燃焼などによっても大量に放出される

一酸化炭素（CO）

燃焼器具における燃料の不完全燃焼が主な発生要因。喫煙などによっても増加する。空気より軽く無色無臭のため、放出に気づきにくい。人間が吸い込んだ場合、血液中のヘモグロビンと結合して酸素供給が阻害され、中毒症状を起こす。CO濃度の濃度基準は、10［ppm］（＝0.001％）以下と定められている

揮発性有機化合物（VOC）

常温で蒸発する有機化合物の総称。建材、塗料、化粧品、事務用品、芳香消臭剤、防虫剤、燃焼ガス、タバコの煙など、あらゆるものから発生する。厚生労働省では、個々のVOCの室内濃度指針値のほか、複数のVOCの混合物をTVOCと名付け、その濃度レベルの暫定目標値として400［$\mu g/m^3$］を掲げている

浮遊粉じん

浮遊粉じんは、粒径が$10\mu m$以上のものは痰などによって排出されやすいが、それ以下のものは肺に吸収され、気管支炎、ぜんそくなどの要因にもなる。国土交通省と厚生労働省により、室内における浮遊粉じんの許容濃度の基準値として、$0.15mg/m^3$の値が示されている

シックハウス対策

2003年7月の「シックハウス法（改正建築基準法）」施行により、現在では機械換気による24時間換気システムの設置が義務付けられている。一般住宅の居室の場合、原則0.5回/h以上の換気回数を確保しなければならない

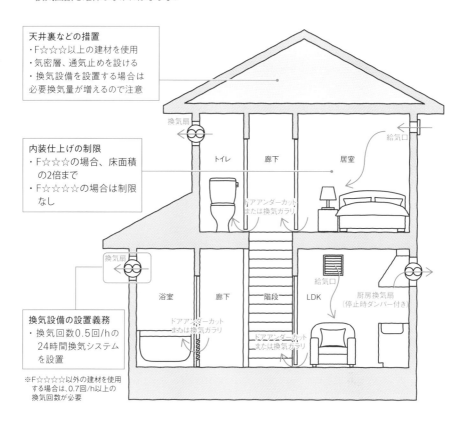

天井裏などの措置
・F☆☆☆以上の建材を使用
・気密層、通気止めを設ける
・換気設備を設置する場合は必要換気量が増えるので注意

内装仕上げの制限
・F☆☆☆の場合、床面積の2倍まで
・F☆☆☆☆の場合は制限なし

換気設備の設置義務
・換気回数0.5回/hの24時間換気システムを設置

※F☆☆☆☆以外の建材を使用する場合は、0.7回/h以上の換気回数が必要

換気扇

給気口

トイレ　廊下　居室

ドアアンダーカットまたは換気ガラリ

換気扇

給気口

浴室　廊下　階段　LDK

厨房換気扇（停止時ダンパー付き）

ドアアンダーカットまたは換気ガラリ

ドアアンダーカットまたは換気ガラリ

ホルムアルデヒド (HCHO)

有機化合物の一種。発生源は建材、家具、接着剤が主で、建物に使われている集成材などから長期間放出される場合もある。低濃度でも長期間の曝露によって化学物質過敏症となる事例も多く、ホルムアルデヒドを発散する建材を内装仕上げに使用する際には、表のような制限がある。室内濃度指針値は、25℃環境温度中で0.08ppm（厚生労働省基準）もしくは0.1mg/㎥と設定されている

建築材料の区分	JIS・JASの表示記号	内装仕上げの制限
建築基準合の規制対象外	F☆☆☆☆	制限なしに使用できる
第3種ホルムアルデヒド発散建材	F☆☆☆	使用面積が制限される
第2種ホルムアルデヒド発散建材	F☆☆	使用面積が制限される
第1種ホルムアルデヒド発散建材	表示なし	使用禁止

換気方式と換気効率

ここでは効率の良い換気方式と、換気が効率的に行われているかを検討するための定量的な評価指標について解説します。

混合換気と置換換気方式

一般的に、居室空間の空調は**混合換気方式**である。室内に吹き出す空気と既存の室内空気を十分に混合させて、室内の居住空間が一様に快適となるように調整する。室内における汚染物質や熱、水蒸気などの発生場所が限定されている場合には、空気を混合せず、一方向の空気の流れ（ピストンフロー）をつくって効率的に換気する**置換換気方式**が用いられることがある

混合換気方式[※1]

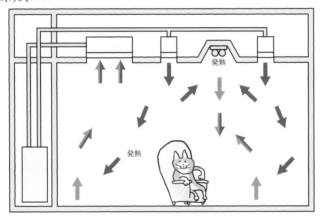

置換換気（ディスプレイスメント・ベンチレーション）方式[※2]

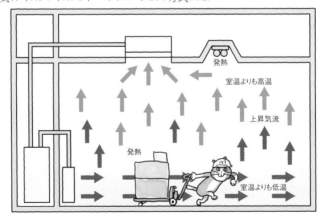

※1 空気齢が高く、換気効率が低いため古い空気が長時間残り、汚染されやすい。気流が拡散しており、完全混合に近い状態となる。完全混合の場合、換気効率は理論上0.5となる

換気効率

換気効率とは、既存の室内空気を新鮮外気で置き換える場合の効率を表す指標。以下の式で求められる。一般に、換気効率の値の範囲は、混合換気0.5〜置換換気1.0 の間の数値になる

計算式

$$換気効率 = \frac{換気回数1回分の給気時間（h）}{室内空気が全て新鮮外気に置き換わるまでの時間（h）}$$

空気齢

空気齢とは、室内空気の新鮮さを表す指標。室内に入った新鮮な外気が、室内のある地点（下図表P地点）まで達するのに要する平均時間を指す。空気齢が高いほど換気効率が低い（室内の空気が汚染されている）と言える

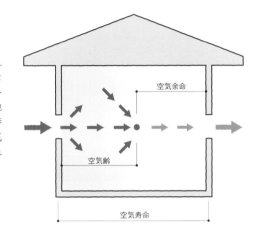

空気余命

室内のある地点（図表P地点）の空気が排気口まで達するのに要する平均時間を指す。P地点における空気余命が小さいほど、室内に汚染物質が拡散しにくいということになる

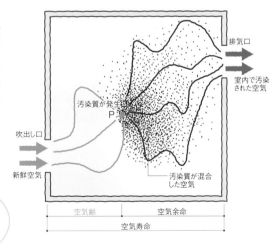

「空気齢＋空気余命＝空気寿命（空気が流入してから排気までの全時間）」と覚えよう！

※2 室下部に設置された低速吹出し口から吹出された空気が、汚染物質の混合を抑制して室上部に押し上げ排出する方式。混合換気に比べて空気齢は低く、換気効率は高くなる。気流方向が一定のためピストンフローのような動きになる。換気効率は1に近く、混合換気に比べて高くなる

空調ダクト図のポイント

空調設計例を示した図面(空調ダクト図)をもとに、その読み取りポイントを考えてみましょう。右頁の図面は、会議室に変風量(VAV方式)[27頁]の空調を設置した例です。空調機は同階の設備室に設置し、ダクトで各会議室の天井まで送風しています。また、リターンする空気の一部は建物外に排気するとともに、同量の新鮮外気を取り込むルートを設けています。吹出口は一般的なアネモスタット型を採用していますが、西の窓際にはライン型の吹出口を設け、別途処理しています。

吹出口の個数の決定

吹出口は、開口部の形状や大きさにより、適切な風量の範囲が設定されている。アネモスタット型(ふく流式)の場合、天井内ダクトの大きさや天井面の納まりなどから、1個あたり500±200㎡程度をカバーできる大きさの吹出口が使われることが多い。必要風量については、夏季や冬季の外気と室内空気の温湿度、構造体熱負荷、在室人数などから割り出されるが、天井高2.5㎡程度の一般的な会議室では、およそ20㎡に1個程度が設けられる。部屋のほぼ中央で空調空気を吹き出し、全体を混合させた後に部屋の隅で排気する、というのが一般的な配置である

軸流吹出口の到達イメージ

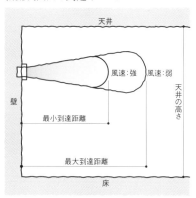

アネモスタット(ふく流)吹出口の吹出しイメージ

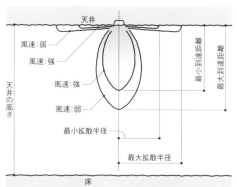

設備記号

AC	空気調和機	—RA— 空調還気ダクト	⟶⊩ 外気取入ガラリ
F	還気ファン	アネモ型吹出口	⊪⟶ 排気ガラリ
CAVユニット		吸込口	VD 風量調節ダンパー
VAVユニット		← 線状吹出口	MD モーターダンパー
—SA— 空調送気ダクト		消音ボックス	

空気調和ダクト図の例

外気導入ダクトには MD（モーターダンパー）が取り付けられ、空調機の停止中における外気の無用な入り込みを防ぐ

空調機には、室内への送風用ダクト、還気用ダクト、および外気の導入用ダクトが、空調機上部のキャンバス継手に接続されている。これらには、それぞれVD（風量調節ダンパー）が取り付けられ、空調システムの導入段階において、手動で流量調整される

ダクトは、原則廊下の天井裏を通し、会議室内への送風に伴う振動や騒音の影響を防ぐ。特に空調機に近い部分の分岐箇所や屈曲箇所には、消音ボックスを適宜設ける

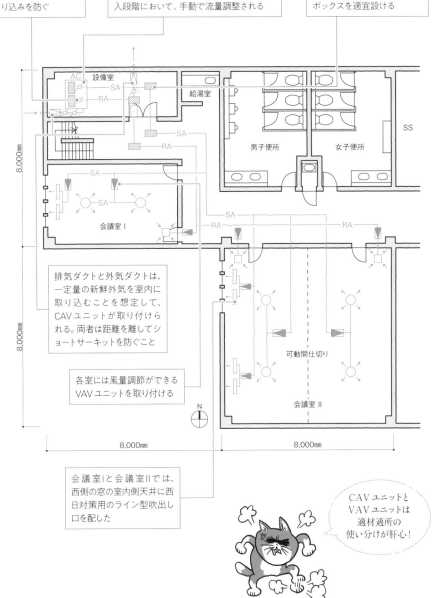

設備室
AC
SA
RA
給湯室

男子便所

女子便所

SS

8,000mm

SA
SA
RA

会議室 I

SA
RA
RA

排気ダクトと外気ダクトは、一定量の新鮮外気を室内に取り込むことを想定して、CAVユニットが取り付けられる。両者は距離を離してショートサーキットを防ぐこと

各室には風量調節ができるVAVユニットを取り付ける

可動間仕切り

会議室 II

8,000mm

N

8,000mm

8,000mm

会議室Iと会議室IIでは、西側の窓の室内側天井に西日対策用のライン型吹出し口を配した

CAVユニットとVAVユニットは適材適所の使い分けが肝心！

換気ダクト図のポイント

男子トイレ、女子トイレ、および給湯室における換気ダクトの設計例を示した図面をもとに、その読み取りポイントを考えてみましょう。換気のゾーニングを考える際には、給湯室とトイレの換気は、衛生面の観点から系統を完全に分けることが望ましいです。

換気ダクト図の例

ここでは、給湯室用ファンとトイレ用ファンをそれぞれ1台ずつ、ダクトスペース内に設置している。なお、給湯室用のダクト、トイレ用のダクトのいずれも、ダクトの配置の大きな制約はない

給湯室は水蒸気の発生箇所が決まっているため、その直上に吸込口を設ける。この例では給湯室にドアを設置しておらず、廊下側から自然に給気される

ファンの近傍にVD（風量ダンパー）を設けて、設置時に必要風量をあらかじめ調節しておく。トイレの規模やメンテナンスの考え方にもよるが、男子トイレと女子トイレの2系統のダクトを設けても、男女の系統を分けずに1つのダクトにまとめる形でも、どちらでも問題ない

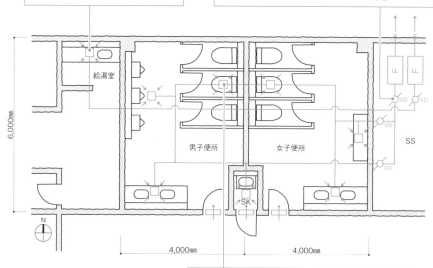

トイレの吸込口は、各便器の上側および洗面器の上に適宜配置する。個々の衛生器具の直上に設置せず、いくつかをまとめてカバーする形でも十分な換気量は確保可能。給気については、廊下側からドアガラリにより自然給気している

設備記号

	ドアガラリ	F	排気ファン
	吸込口	⊨→	排気ガラリ
○VD	風量調節ダンパー		

第 2 章

給排水衛生設備

給排水衛生設備とは、建物の中で生活
するための水をたゆまず供給しつつ、
汚れた水をスムーズに廃棄するための
システム。給水や排水はもちろん給湯
や配管、ガス設備にいたるまで、考慮
すべきことは多岐に渡ります。

住宅の給水方法

上水道施設で浄水（飲用に適した上水）になった水が各家庭に供給される際には、建物の規模や人数などにより、給水方法を選択する必要があります。ここでは主な、住宅への給水方式を解説します。

上水が各家庭に給水されるまで

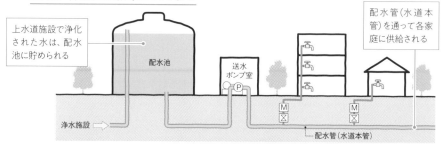

上水道施設で浄化された水は、配水池に貯められる

配水管（水道本管）を通って各家庭に供給される

配水池

送水ポンプ室

浄水施設

配水管（水道本管）

水道直結給水方式

水道本管から上水道を引き込み、建物内の必要箇所に直接給水する方式。一般に2階建ての戸建住宅などの小規模建物に利用される。コストも抑えられ衛生的だが、給水圧が変動することもある

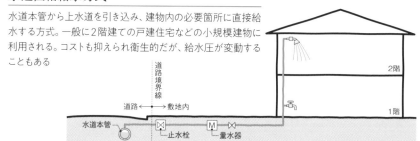

道路境界線

道路　→　敷地内

2階

1階

水道本管　　止水栓　　量水器

水道直結増圧方式

上水の引き込み管に増圧給水設備（増圧ポンプ）を設け、増圧してから建物内の各所に給水する方式。受水槽は通さないので水槽の清掃・点検費用もかからず衛生的だが、停電などにより給水が停止する。階高10階程度までの建物を対象とする

最低必要水圧 [※]

器具種別	最低必要水圧
一般水栓	30kPa
自動水栓	50kPa
ガス給湯器	20〜80kPa
大小便器洗浄弁	70kPa
シャワー	40〜160kPa

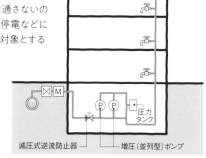

圧力タンク

減圧式逆流防止器　　増圧（並列型）ポンプ

※ 給水時の水圧は、一般水栓で最低30kPa（キロパスカル）、大便器洗浄弁やシャワーでは70kPaである。10kPaは水柱約1mに相当する。例えば、高置水槽の取出口から最上階のシャワーヘッドまでの高低差を約7m以上とすれば70kPaが確保できる

洗面器と蛇口周りの設備とつくり

ここでは、洗面器や蛇口周りの設備で押さえておきたい用語やポイントを説明します。
試験などに出題されることも多いので覚えておきましょう。

吐水口空間とあふれ縁

あふれ縁(flood level rim)とは、洗面器が満水になるとあふれてしまう「縁」の部分を指す。吐水した水が万が一にも逆流することを防ぐために、あふれ縁から給水栓の吐水口までは、一般に吐水口径の2～3倍以上の距離をとる。この垂直距離を**吐水口空間**(air gap)と呼ぶ

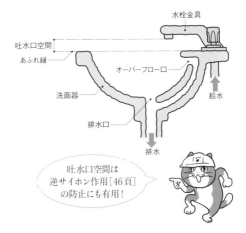

吐水口空間は
逆サイホン作用[46頁]
の防止にも有用!

主な蛇口の種類と名称

蛇口にはさまざまな種類がある。用途や場所に応じて適したものを選ぼう

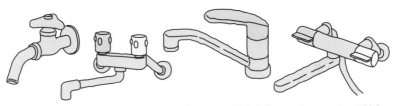

単水栓
水かお湯のどちらかのみが出る

2ハンドル混合水栓
水かお湯の使い分けができる

シングルレバー混合水栓
温度調節と吐水量の調整ができる。レバーハンドル式の水栓はあまり力をかけずに指先などで扱えるため、バリアフリーの観点でも有用だが、水圧が高いとウォーターハンマーを起こしやすい

サーモスタット混合水栓
蛇口の中でお湯と水を混ぜ、自動で温度を調整してくれる

ウォータハンマー(水撃作用)

給水栓から流れていた水を、②のように給水栓を急激に閉じて止めると、ガタガタとハンマーで叩かれたような衝撃音が発生することがある。この現象を**ウォータハンマー**と呼ぶ。この衝撃圧は、水流の速度に比例する

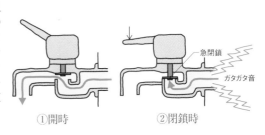

①開時 ②閉鎖時

急閉鎖

ガタガタ音

節水のための工夫

節水とは、直接的には「水資源の浪費を抑える」行為を指しますが、それだけではなく、水の搬送や排水処理にかかるエネルギーコストの削減にもつながります。節水を心がけるだけではなく、給排水設備の観点から「仕組み化」する方法[※]も知っておきましょう。

節水こまの仕組み

節水こまとは、蛇口のコック内部に付いている流量調節パーツのこと。サイズの大きなこまを付けると流水の抵抗が大きくなり、結果、流水量を抑えられる

ハンドル
スピンドル
こま
弁座

節水こま

節水こまは、こまの下の部分が普通こまより大きくなっている。こまが大きくなることで流水の抵抗を弱められる

普通こま

泡沫水栓の仕組み

泡沫水栓とは、水に気泡が混ざるように加工された蛇口のこと。空気によって水かさを増しているので、水量が減っても食器などの洗い心地を保つ効果がある。また、落ちた水も飛び散りにくくなる。この考え方は、シャワーヘッドなどにも応用が進んでおり、「やわらかい水」とも表現される

使用する場所や用途に応じて蛇口や水栓の種類も検討しよう

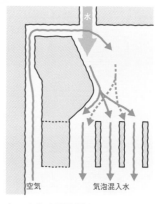

水
空気
気泡混入水

水に空気を引き込む

※ 上で紹介したほか、一定量の水(湯)を吐き出したのちに自動的に止水する「定量止水栓」(公共浴場などで活用されることが多い)や、センサー方式で水(湯)が出、手を遠ざけると止まるタッチレスな「自動水栓」(百貨店のトイレの手洗いなどで活用されることが多い)などさまざまな節水機器がある

通気とトラップの仕組み

スムーズな排水には**通気**が必須。管を通る水は、大気に開放されることによって一気に流れ落ちます。ここでは通気の仕組みと、排水に欠かせない**トラップ**の種類を解説します。

通気と排水の仕組み

ストローの片側を指で押さえながら、もう片方を液体の中に入れると真空になり、液体が吸い上げられる。しかし、指を外して液体を空気に触れさせると一気に落下する。「通気管」もこれと同じ仕組みで、通気によって排水をスムーズに促し、トラップの封水も保護される

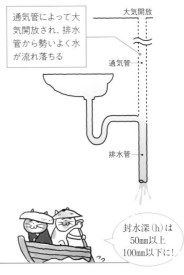

通気管によって大気開放され、排水管から勢いよく水が流れ落ちる

大気開放

通気管

排水管

封水深（h）は50mm以上、100mm以下に！

主なトラップの形状

トラップは内部に**封水深（h）**をもっており、悪臭のするガスや害虫が排水口から室内に侵入するのを防ぐ役割を持つ。トラップは、なるべく排水口の近くに設ける。トラップに溜められた水は「封水」と呼ばれる。Sトラップ、Pトラップ、Uトラップは**サイホン式トラップ**とされ、管の一部を曲げたつくりで自浄作用があるが、自己サイホン作用［46頁］により封水を失いやすい

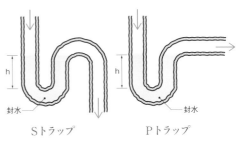

h　封水　Sトラップ

h　封水　Pトラップ

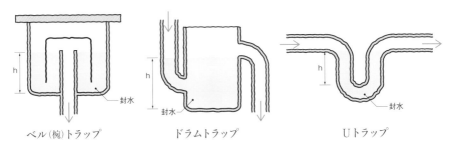

h　封水　ベル（椀）トラップ

h　封水　ドラムトラップ

h　封水　Uトラップ

トラップの破封の主な原因

排水トラップの中の封水が何らかの原因で無くなったり減ったりして機能しなくなることを**破封**（封水破壊）と呼びます。臭気の逆転や虫が入ってくる原因になりますので、この現象を防ぐ工夫が不可欠です。後述のサイホン作用の予防には、排水の流量や流速のコントロールが有効です。封水の蒸発については、何らかのふたを設けるなどで対策します。

自己サイホン作用

トラップ内の水が勢いよく流れるときなどに、トラップ内に残るはずの封水が引っ張られ、全て下流側に流れて破封する現象を**自己サイホン作用**と呼ぶ

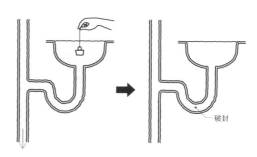

破封

吸込み作用・跳ね出し作用

上階から大量の水が一気に排水縦管内に流れ込み、階下の封水が引っ張られ、吸込まれて破封する現象を**吸込み（誘導サイホン）作用**と呼ぶ。**跳ね出し作用**はその逆で、上階からの水を封水が押し返して跳ね出す現象を指す

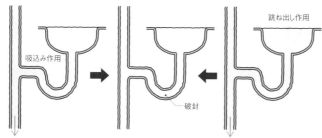

吸込み作用　　　破封　　　跳ね出し作用

毛細管現象

トラップ内に髪の毛やゴミなどが引っ掛かり、封水を引っ張って徐々に破封する現象を指す。排水目皿などの使用で対策する

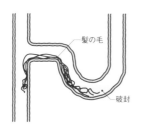

髪の毛
破封

二重トラップの禁止

ひとつの衛生器具に対して連続したトラップ（二重トラップ）を設けると、トラップ間に挟まれた空気がばねのように働いて封水の安定を阻害してしまう

椀トラップ
二重トラップは禁止
Sトラップ

ディスポーザー排水処理システム

家庭で発生する生ゴミについては自治体の収集が主な処理方法ですが、近年では家庭内で処理するための技術（設備）である**ディスポーザー排水処理システム**が普及しつつあります。生ゴミをディスポーザーで粉砕し、粉砕物処理用の排水処理装置を経てスラリー状の液体に変換したのち、下水に放流します。酷暑の日が連続しやすい地域など、生ゴミの収集を待てない状況になりやすい家庭にはひとつの解決策となります。ただし、下水処理場の負荷増大の懸念からディスポーザー排水処理システムの使用を禁止している自治体もあるので注意が必要です。

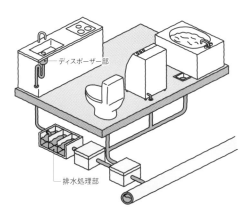

ディスポーザー部
排水処理部

生物処理タイプ

専用排水管で処理槽に導き、浄化槽のように微生物の働きで生ゴミを処理する方法。浄化槽と同様に定期的な汚泥の引き抜きが必要である

ディスポーザー部
排水処理部

機械処理タイプ

機械的な装置によって固液分離し、液体を下水道に流す方法。固体は乾燥等により減容されたものを、使用者が定期的にごみ等として処分する必要がある

大規模な集合住宅などでは、生ゴミや可燃性のゴミをまとめて圧縮機で粉砕し、体積を小さくしてコンテナに積み込み集積所に運搬する**コンパクタコンテナ方式**を採用することもある

都市ガスとLP（プロパン）ガス

建築物には、**液化天然ガス**(Liquefied Natural Gas=LNG)、または**液化石油ガス**(Liquefied Petroleum Gas)が供給されています。LNGは、自然界に気体として存在するガスを運搬のために液化したもの。一方のLPGは、主に石油精製で副産物として得られるガスを液状化したものです。両者は由来が違いますので、当然のことながら熱量や比重が異なります。都市ガスがLNGでプロパンガスがLPGと区別されることもありますが、そもそも都市ガスという言葉は「都市域のガス導管で供給されるガス」という、供給方法からのネーミングです。近年の都市ガスはLNGとLPGを混合させることで品質を確保しています。

都市ガスとLPガスの比較

都市ガスはガス導管によって各家庭に供給されている。供給は安定しており、日常的なメンテナンスの必要もない。LPガスは、ガス充填されたボンベで供給される。主にガス導管のインフラ設備が整っていない地域の住宅などで用いられている

プロパンガス

都市ガスとLPガスの特徴

	都市ガス	LPガス
原料	主にLNG（メタンを主成分とする液化天然ガス）	LPG（プロパン・ブタンを主成分とする液化石油ガス）
性質	−162℃まで冷却すると液体になり、体積は1/600になる	−42℃まで冷却すると液体になり、体積は1/250になる
熱量	11,000kcal／㎥	24,000kcal／㎥
臭い	無臭。ガス漏れ防止のため、玉ねぎの腐敗臭をつけている	無臭。ガス漏れ防止のため、玉ねぎの腐敗臭をつけている
供給方法	ガス導管	ガスボンベをガス会社が配送
重さ	空気よりも軽い	空気よりも重い
その他	災害などでガスの供給が遮断された場合、復旧まで長い時間を要することもある	災害時に強いが、強い日射を避けるなど設置場所はよく検討する必要がある

ガス漏れ警報器の設置位置

都市ガスは空気よりも軽いため、警報器は天井近くに設置する。プロパンガスは空気より重いため、床近くに設置する。いずれもガスを使用する器具から4m以内の設置が定められている[※]

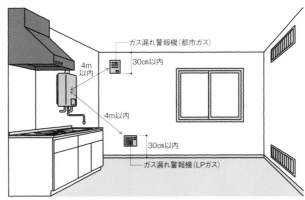

ガス漏れ警報機（都市ガス）
4m以内
30cm以内
4m以内
30cm以内
ガス漏れ警報機（LPガス）

設置場所

都市ガス

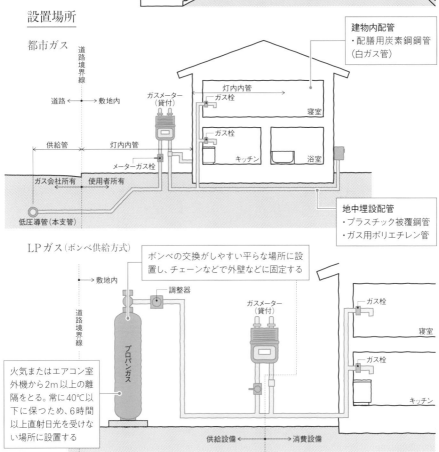

建物内配管
・配膳用炭素鋼鋼管（白ガス管）

道路境界線
道路　敷地内
ガスメーター（貸付）
ガス栓
灯内内管
寝室
ガス栓
供給管　灯内内管
メーターガス栓
キッチン　浴室
ガス会社所有　使用者所有
低圧導管（本支管）

地中埋設配管
・プラスチック被覆鋼管
・ガス用ポリエチレン管

LPガス（ボンベ供給方式）

ボンベの交換がしやすい平らな場所に設置し、チェーンなどで外壁などに固定する

敷地内
調整器
ガスメーター（貸付）
ガス栓
道路境界線
寝室
ガス栓
プロパンガス
キッチン

火気またはエアコン室外機から2m以上の離隔をとる。常に40℃以下に保つため、6時間以上直射日光を受けない場所に設置する

供給設備　消費設備

※ 2009年4月1日に施行された「長期使用製品安全点検制度」により、消費者はガス器具メーカーに所有者登録が必須となった。適切な時期にメーカーによる点検が行われるため、安全性を確保できる

加熱機器とボイラーの種類

温水や蒸気をつくるためには、住宅なら電気温水器や瞬間湯沸かし器、大規模なビルディングやホテルなどではボイラーなど温熱源となる機器が必要になります。これらを総称して**加熱機器**と呼び、多様な種類があります。ここでは一部をご紹介します。

主に住宅で使用する加熱機器

住宅では、主に**局所(個別)式**(給湯箇所ごとに湯沸かし器を用いる加熱機器)が採用される。そのほか、小型のボイラーやヒートポンプを用いた電気温水器「エコキュート」などもしばしば導入されている

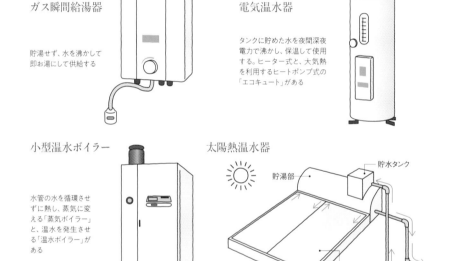

ガス瞬間給湯器

貯湯せず、水を沸かして即お湯にして供給する

電気温水器

タンクに貯めた水を夜間深夜電力で沸かし、保温して使用する。ヒーター式と、大気熱を利用するヒートポンプ式の「エコキュート」がある

小型温水ボイラー

水管の水を循環させずに熱し、蒸気に変える「蒸気ボイラー」と、温水を発生させる「温水ボイラー」がある

太陽熱温水器

貯水タンク

貯湯部

集熱部

給水

給湯

自然循環方式

太陽光を熱エネルギーに変換したところに水を循環させて温める仕組み

主なボイラーの種類　代表的なボイラーを下記にまとめた

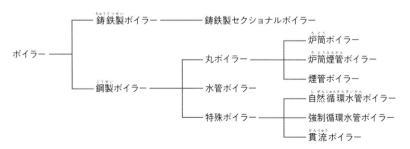

```
ボイラー ─┬─ 鋳鉄製ボイラー ──────── 鋳鉄製セクショナルボイラー
          │
          └─ 鋼製ボイラー ─┬─ 丸ボイラー ─┬─ 炉筒ボイラー
                           │             ├─ 炉筒煙管ボイラー
                           │             └─ 煙管ボイラー
                           ├─ 水管ボイラー
                           │
                           └─ 特殊ボイラー ─┬─ 自然循環水管ボイラー
                                            ├─ 強制循環水管ボイラー
                                            └─ 貫流ボイラー
```

ボイラーの仕組み

大規模なビルや大型施設(病院やホテルなど)では、ボイラーや加熱装置、貯湯槽を備えた機械室から循環ポンプで必要箇所に貯湯する**中央式**で給湯される。給湯量の多い建物の給湯のほか、セントラル式空調用の温水生成にも用いられる。温水や蒸気の必要性によって左頁下のような選択肢がある。ここでは一部を図解する

鋳鉄製セクショナルボイラー

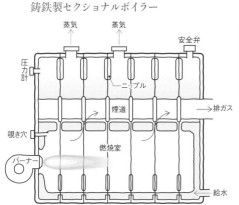

数枚以上の鋳鉄製セクションを組み合わせて燃焼室を構成し、各セクション内に熱水が通るシステム。組み立てや分解が容易で耐久性も高い。一般には温水発生のためのボイラーとして暖房用に利用される

水管ボイラー

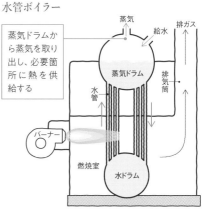

蒸気ドラムから蒸気を取り出し、必要箇所に熱を供給する

多数の細い管の中に水を通し、加熱することによって蒸気を発生させる。炉筒煙管ボイラーよりさらに大容量で熱効率がよい。収納スペースの天井高を高くする必要があり、大規模建築物でしばしば利用される

炉筒煙管ボイラー

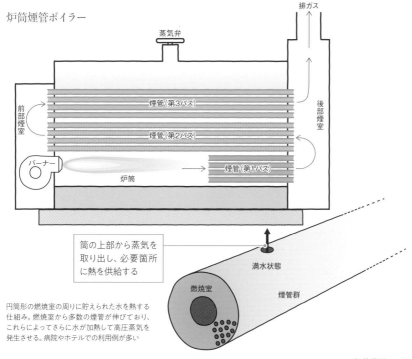

筒の上部から蒸気を取り出し、必要箇所に熱を供給する

円筒形の燃焼室の周りに貯えられた水を熱する仕組み。燃焼室から多数の煙管が伸びており、これらによってさらに水が加熱して高圧蒸気を発生させる。病院やホテルでの利用例が多い

給湯機の設置と必要なスペース

住宅で用いられる給湯器の設置場所を決める際、検討すべき事項や注意すべき事項は多岐に渡ります。目立たせたくないからと言って囲って隠すと燃焼効率が悪くなったり、近隣への騒音でクレームの原因になったりすることもあります。故障時のメンテナンススペースなども合わせて十分に検討しましょう。

給湯能力の目安

住宅で主に用いられるガス瞬間給湯器の場合、給湯能力は**号数**で表す。号数とは水温を25℃上げるときの1分当たりの出湯量（ℓ／分）である。たとえば24号なら、1分間に水温＋25℃の湯を24ℓ供給する能力があると言える

32号
春・夏・秋にシャワー2箇所と水栓1箇所の同時使用が可能

24号
冬もシャワーと給湯2箇所の同時使用が可能

20号
シャワーと給湯の同時使用が可能

16号
通年シャワーの使用が可能

ガス瞬間給湯器の設置例（屋内設置の場合）

屋内設置の場合、周囲の建材を確認しよう。側面や前面扉が可燃材料であれば、離隔距離を45mm以上確保する必要がある[※1]

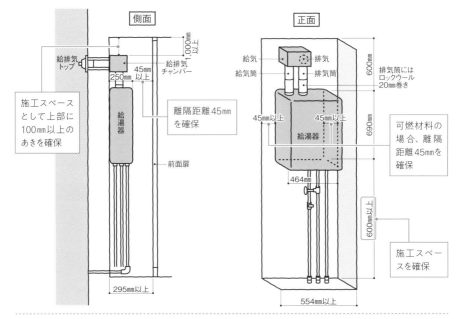

側面

給排気トップ
施工スペースとして上部に100mm以上のあきを確保
給排気チャンバー
1,000mm以上
45mm以上
250mm
給湯器
離隔距離45mmを確保
前面扉
295mm以上

正面

給気
排気
給気筒
排気筒
排気筒にはロックウール20mm巻き
600mm
45mm以上
45mm以上
給湯器
690mm
可燃材料の場合、離隔距離45mmを確保
464mm
600mm以上
施工スペースを確保
554mm以上

※1 不燃材料の場合制限はないが、施工を考えるとやはり45mm以上の確保が望ましい

配管の許容長さと曲げの範囲

ガス給湯器の配管は架橋ポリエチレン管を使用する場合最大25mまで延長できるが、なるべく15mまでに納めたい。配管距離が長くなるほど湯張りにも時間がかかり、追い焚き能力も低下する。電気温水器の場合、ヒートポンプユニットと貯湯ユニットの間の配管は全長5m以下とする［※2］

ガス給湯器①
（浴槽と熱源機が同一階、または浴槽が1階で熱源機が2階の場合の追い焚き配管）

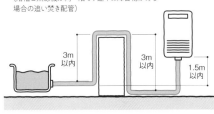

3m以内

全長15m以内が望ましい

ガス給湯器②
（浴槽が2階、熱源機が1階の場合の追い焚き配管）

浴槽溢れ線

7m以内［※3］

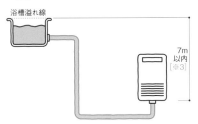

ガス給湯器③
（浴槽と熱源機が同一階で、途中に障害物がある場合の追い焚き配管）

3m以内

3m以内

1.5m以内

ヒートポンプ給湯器①
（ヒートポンプと貯湯タンクの配置基準）

メンテナンスのため、一般的には600mm以上（数値はメーカーによって異なる）のスペースを確保する。離して設置する場合、配管の全長は5m以下、曲がりは5箇所以内とする

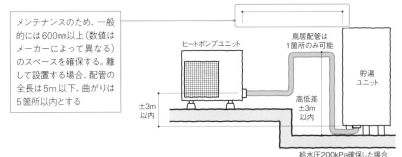

ヒートポンプユニット

鳥居配管は1箇所のみ可能

貯湯ユニット

±3m以内

高低差±3m以内

給水圧200kPa確保した場合

ヒートポンプ給湯器②
（貯湯タンクと浴槽の配置基準）

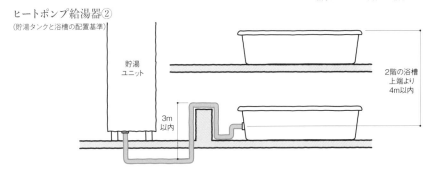

貯湯ユニット

2階の浴槽上端より4m以内

3m以内

※2 基準となる数値はメーカーや機器によって異なるため、詳細は公式情報を確認すること
※3 3.5m以上または配管延長15mを超える場合には、自動湯張りを行うために0.15MPaの給水圧力が必要になる

代表的な便器の種類と設備

トイレの設備とは、一般的に便器や洗面器などの水受け容器や排水器具などの「衛生器具」のことを指します。便器は衛生の保持が重要なため、表面が滑らかで汚物が付着しづらく、吸水性がなく清掃性の高い陶器が一般的に多く使われます。

大便器の洗浄方法

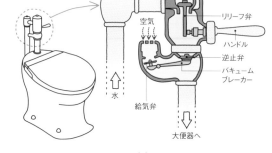

圧力室
ピストン弁
リリーフ弁
空気
ハンドル
逆止弁
バキュームブレーカー
給気弁
水
ロータンク
大便器へ

ロータンク式

便所内のタンクに貯水した水を、必要なときに流して便器を洗浄する方式。比較的安価で洗浄音が控えめなので、戸建て住宅や集合住宅、ホテル客室などに好まれる。現在は節水タイプのタンク（4～6ℓ）が多く用いられている。一度水を流すと、再びタンクに貯水するための時間が必要になる

フラッシュバルブ式

給水管から直接水を流して洗浄する方式で、洗浄弁方式ともいわれる。連続使用に適しており、使用者が短時間に集中しやすい利用形（集中利用形）の劇場や学校の便所などに用いられることが多い。70kPa（キロパスカル）以上の水圧が必要で、洗浄音が大きいので設置場所には注意が必要

小便器の洗浄方法

フラッシュバルブ式（自動洗浄）

赤外線などのセンサーが前に立つ人の使用終了時を感知して洗浄弁が自動で作動する仕組みで、流し忘れなどの問題が少ない。長時間使用されない場合には、タイマーにより設備保護洗浄機能が作動し、汚れの固着や破封を防止する仕組みも標準的になっている

フラッシュバルブ式（ボタン）

定量弁の一種で、使用後にボタンを押すと一定量（4～5ℓ）の水が流れる仕組み。押し忘れにより便器の臭いや汚れが発生する場合がある

大便器の種類

大便器には、さまざまな種類がある。現在、新規に設置される便器として人気が高いのは最新機能を備えたサイホンボルテックス式もしくはブローアウト式の 2 つと言えるが、その他の便器の特徴も押さえておこう

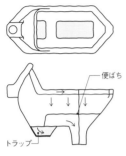
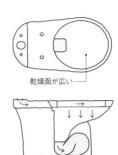
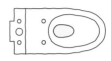

乾燥面が広い

便ばち

トラップ

洗出し式（和風便器）

汚物を一時便ばちにためておき、洗浄時の水の勢いでトラップ側に運び、器外に押し出す仕組み。臭気を発散しやすい

洗落し式（和風・洋風便器）

洗浄時に便器トラップ部の溜水面が上昇し、その落差によって汚物を器外に排出する仕組み。構造がシンプルで安価だが、十分な落差を得るため溜水面はあまり広くできず、比較的乾燥面が広く汚物が付着しやすい

サイホン式（洋風便器）

排水路内を屈曲させて、サイホン作用（負圧の作用）を利用することで、汚物を器外に排出する仕組み。溜水面は洗落し式よりは広く、サイホンゼット式より少し狭い

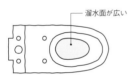
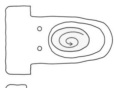
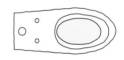

溜水面が広い

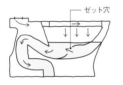
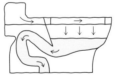
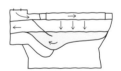

ゼット穴

サイホンゼット式（洋風便器）

ゼット穴（噴出穴）により強制的に排水路内に洗浄水を噴出させ、強制的にサイホン作用を起こし汚物を器外に排出する仕組み。溜水面広く洗浄時に大きくとれ、水封も深くできるため、汚物が沈みやすく臭気が出づらい

サイホンボルテックス式

サイホン作用と渦巻作用を利用することで強力に汚物を器外に排出する仕組み。便器とタンクが一体となった一体成型で、溜水面が広く洗浄時に空気が混入しないため、他の便器に比べて洗浄音が静か。臭気も発散しにくいうえ、清掃性も高い

ブローアウト式

ゼット穴からの強力な洗浄水で、サイホンを発生させず汚物を吹き飛ばすように器外に排出する仕組み。溜水面を大きくとれるので臭気も発散しにくいうえ清掃性も高いが、フラッシュバルブ式に限られるので洗浄音が大きい

トイレは生活に欠かせない大切な場所。設備選びは慎重に！

トイレの設えに必要な配慮

トイレは、生活するうえで欠かせない場所。ここでは、高齢者や障碍のある方でも安心して使えるストレスフリーなトイレをつくるポイントを解説します。

手すりの配慮ポイント

筋肉の働きが弱くなっている高齢者や障碍者のために、トイレでの立ち座りをサポートする手すりを設置しておきたい。掴んで平行移動するために役立つ水平型の手すりや、立ち座りを助け、立った状態を安定させるのに有用なI字形手すりなど、便器形状や広さに合わせた手すりを適宜セレクトしよう

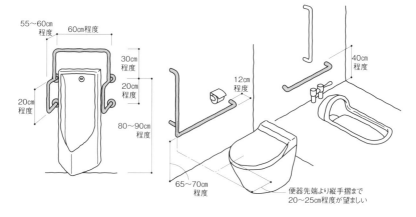

55〜60cm程度
60cm程度
30cm程度
20cm程度
20cm程度
80〜90cm程度
12cm程度
40cm程度
65〜70cm程度
便器先端より縦手摺まで20〜25cm程度が望ましい

オストメイト対応トイレの配慮ポイント

オストメイト対応トイレとは、「人工肛門・人工膀胱造設者のためのパブリックトイレ」を指す。腹壁に造設されたストーマ（人工肛門・人工膀胱）を一時的に受けるストーマ装具（パウチ）を扱うために必要な汚物流しや、ストーマ装具を洗いやすい位置に設けた水栓設備などが必要になる。近年では、バリアフリートイレに設置されるケースも増えている

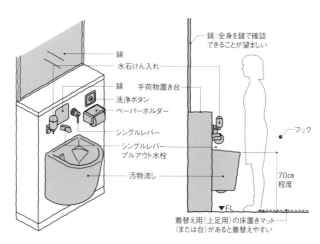

鏡
水石けん入れ
鏡
手荷物置き台
洗浄ボタン
ペーパーホルダー
シングルレバー
シングルレバープルアウト水栓
汚物流し
鏡：全身を鏡で確認できることが望ましい
フック
70cm程度
FL
着替え用（上足用）の床置きマット（または台）があると着替えやすい

バリアフリートイレの配慮ポイント

バリアフリートイレは、多機能便房、あるいは多目的トイレとも呼ばれ、ビルディングなどの公共空間では、一般のトイレとは独立して設ける。バリアフリートイレの出入口の幅は車いすが入れる80cm以上とし、内法寸法を200×200cm以上取ることで、車いすの回転に必要な直径150cmの空間が確保できる

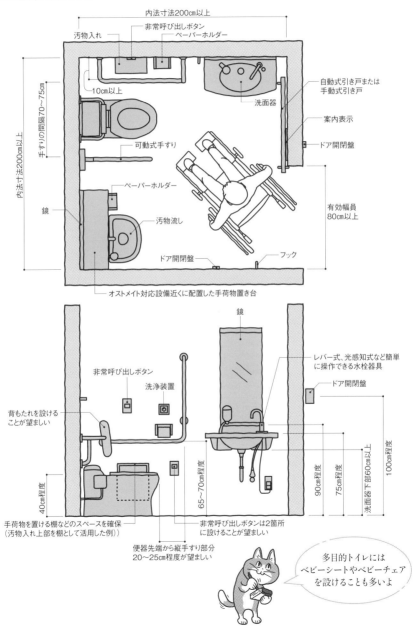

内法寸法200cm以上

非常呼び出しボタン
汚物入れ
ペーパーホルダー
10cm以上
手すりの間隔70〜75cm
内法寸法200cm以上
可動式手すり
ペーパーホルダー
鏡
汚物流し
ドア開閉盤
フック
オストメイト対応設備近くに配置した手荷物置き台

自動式引き戸または手動式引き戸
洗面器
案内表示
ドア開閉盤
有効幅員80cm以上

鏡
非常呼び出しボタン
洗浄装置
背もたれを設けることが望ましい
レバー式、光感知式など簡単に操作できる水栓器具
ドア開閉盤
90cm程度
75cm程度
洗面器下部60cm以上
100cm程度
40cm程度
65〜70cm程度
手荷物を置く棚などのスペースを確保
（汚物入れ上部を棚として活用した例））
便器先端から縦手すり部分20〜25cm程度が望ましい
非常呼び出しボタンは2箇所に設けることが望ましい

多目的トイレにはベビーシートやベビーチェアを設けることも多いよ

浴室の適切な設え

浴室や洗面脱衣室は、一般的にヒートショックや転倒の可能性があるため、安全性に注意したい場所です。高齢者や体の不自由な方の利用を前提とする場合、特に配慮が求められます。浴室や洗面脱衣室と寝室の距離をなるべく近づけたり、つまずかないようフラットな造りにしたり、床暖房や埋め込み式の暖房を設けるなどの工夫も有効です。

バリアフリー仕様の浴室の例

介助スペースも確保するためには、1坪程度の広さが必要。介助者が随時補助できるよう、出入り口の有効開口幅は650mm以上確保したい

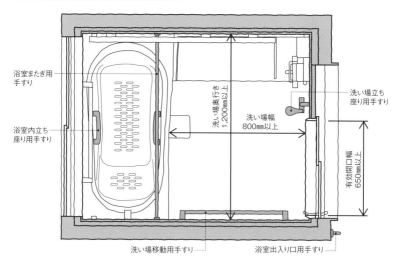

浴室またぎ用
手すり

浴室内立ち
座り用手すり

洗い場奥行き
1,200mm以上

洗い場幅
800mm以上

洗い場立ち
座り用手すり

有効開口幅
650mm以上

洗い場移動用手すり

浴室出入り口用手すり

浴槽寸法と形状

浴槽の横内寸を60cm程度にすると、体が倒れ込みにくい。湯を張ったときの深さを50cm程度に抑えると、万が一の溺死事故を予防できる

エプロン高さ
400〜450mm程度

横内寸
600mm程度

縦内寸
950〜1050mm程度

安定した姿勢で入浴できるよう、浴槽の底には滑り止めを設け、背もたれは立たせる。浴槽リムは掴みやすい形状にして、ハンドグリップも装備するとベスト

主な手すりの種類と役割

滑りやすく、転倒事故が起こりやすい浴室では、体の向きを変えたり、立ち座りを安定させたりする行動をサポートする手すりが非常に役立つ。高齢になるだけではなく、怪我や病気などで体が弱ったときのためにも、浴室の手すりは設けておきたい。基本的に、立ち座りのサポートには縦型手すり、スムーズな歩行移動のサポートには横手すりが適している

①浴室出入り口用手すり

浴室の出入り口付近には、ドアの開閉の際に身体を支える縦手すりを設けるとよい

1,200mm程度

②洗い場移動用手すり

滑らず安全に移動できるよう、歩きながら掴める横手すりを設けるとよい

750〜800mm

③浴槽またぎ用手すり

浴槽を立ってまたげるよう、浴槽のフチの真上に近い位置に縦手すりを設置するとよい

800mm程度
700mm程度
洗い場床面

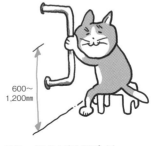

④洗い場立ち座り用手すり

洗い場での立ち座りが事故につながるケースは案外多い。これを避けるためには掴みやすい縦手すりを設置するとよい

600〜1,200mm

⑤浴槽内立ち座り用手すり

浴槽内で滑ることも多い。立ち座りを支えられるよう、浴槽の長辺側の壁に横手すりを設けるとよい

適材適所の手すり配置で浴室の安全を確保！

ヨシ！

代表的なビルの給水方法

ビルディングのような大きな建物で給水する場合、大量の水が必要になります。そのため、周囲の小規模建築に影響を与えないよう、受水槽を設置する方法が一般的です。建物規模や建物を使用する人数などの条件により、適宜給水方式を選択する必要があります。

高置水槽方式

水道本管から上水道を引き込み、受水槽に貯水した後に建物屋上の高置水槽に揚水し、重力を利用して各蛇口に給水する方式。受水槽と高置水槽の二箇所に貯水するため水質の劣化が起こりやすいことから、受水槽の貯水量は1日使用水量の4/10〜6/10程度、高置水槽では1/10程度に抑える必要がある。断水時には、受水槽と高置水槽の合計の貯水量を給水できる

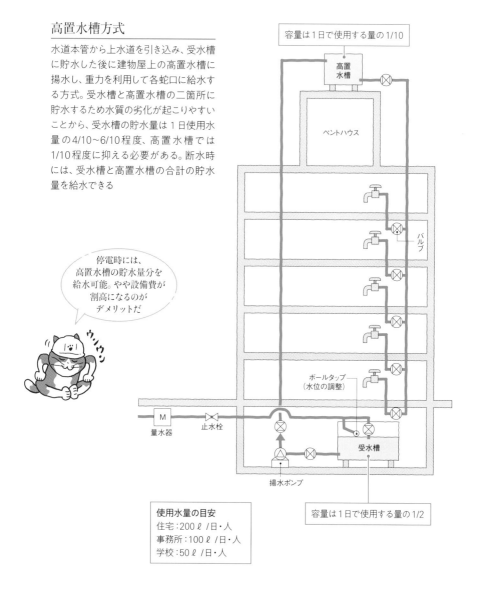

容量は1日で使用する量の1/10

高置水槽

ペントハウス

バルブ

ボールタップ（水位の調整）

M
量水器

止水栓

揚水ポンプ

受水槽

容量は1日で使用する量の1/2

停電時には、高置水槽の貯水量分を給水可能。やや設備費が割高になるのがデメリットだ

使用水量の目安
住宅：200ℓ/日・人
事務所：100ℓ/日・人
学校：50ℓ/日・人

ポンプ直送方式

受水槽に貯水した後、加圧給水ポンプユニットによって直接建物の各所に給水する方式。安定して給水できるのがメリットである。ポンプの吐出口付近の管において圧力を検知し、リアルタイムにポンプの台数または回転数の制御が行われる。高置水槽は不要で、断水時には受水槽の貯水量のみ給水できるが、停電時には給水停止になるのがデメリット

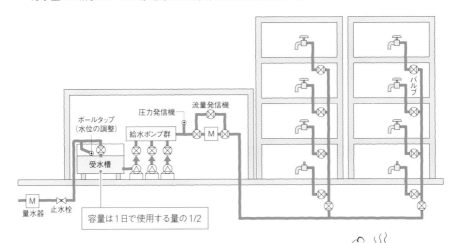

圧力水槽方式

受水槽に貯水した後、水を圧力水槽に送り、圧力水槽内の空気に加圧することによって各所に給水する方式。ポンプ直送方式と同様に、高置水槽の設置が難しい場合などに用いられるが、高置水槽方式に比べて給水圧の変動がやや大きい。断水時には受水槽と圧力水槽の合計貯水量が給水可能で、停電時には給水が停止する

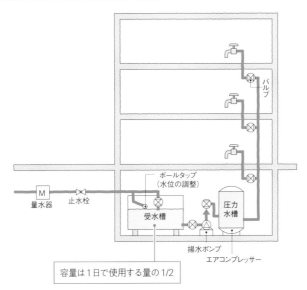

受水槽の構造と運用の工夫

受水槽とは、水道局から供給された水をいったん貯めておく容器のことを指します。主に3階建て以上のビルやマンション、病院などある程度規模の大きな建築物に設置されます。水道水は受水槽に貯められたあと、個々の利用者に供給されていきます。

受水槽設置のポイント

受水槽は建築基準法で「建築物に設ける飲料水の配管設備及び排水のための配管設備を安全上及び衛生上支障のない構造とするための基準」が詳細に定められている。材質は水質に悪影響を与えない材料を使う必要があり、一般的には経済的なFRP製のものが多く使われているが、ステンレス製や木製の場合もある

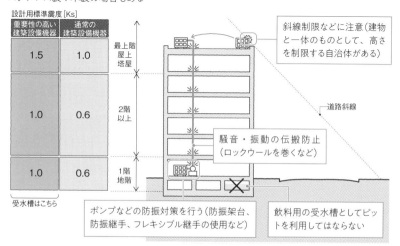

設計用標準震度[Ks]

重要性の高い 建築設備機器	通常の 建築設備機器		
1.5	1.0		最上階 屋上 塔屋
1.0	0.6		2階 以上
1.0	0.6		1階 地階

受水槽はこちら

斜線制限などに注意(建物と一体のものとして、高さを制限する自治体がある)

道路斜線

騒音・振動の伝搬防止(ロックウールを巻くなど)

ポンプなどの防振対策を行う(防振架台、防振継手、フレキシブル継手の使用など)

飲料用の受水槽としてピットを利用してはならない

飲料水の供給量の目安

住宅や集合住宅の場合、飲料水の給水量は1人1日あたり200ℓ程度が目安。主に入浴やシャワー浴での利用が非常に大きな割合を占める。他施設も含め、使用水量の目安は下表参照。長時間水槽内に貯水すると汚染の恐れが高くなるので、集合住宅やオフィスビルなどに受水槽を設置する際の有効容量[※]は、建物全体で1日に使用する水量の4／10～6／10程度を目安とする

計算式

有効水量(m³)＝受水槽の縦の長さ(m)×横の長さ(m)×有効水深(m)

建物種別	使用水量
住宅	160～250ℓ／人・日
事務所	60～120ℓ／人・日
学校	40～50ℓ／人・日
ビジネスホテル	400～500ℓ／客・日
病院	500～2000ℓ／床・日

用途種別	使用水量	器具種別	使用水量
飲用	1ℓ／人・日	小便器(洗浄弁)	4ℓ／回
炊事用	35ℓ／人・日	手洗い器	3ℓ／回
洗面	20ℓ／人・日	洗面器	10ℓ／回
便所	50ℓ／人・日	流し(13mm)	15ℓ／回
洗濯用	150ℓ／戸・日	浴槽(洋風)	125ℓ／回
浴用	280ℓ／戸・日	シャワー	24～60ℓ／回

※ 水槽内において利用可能な水の最高水位と最低水位(有効水深)との間に貯留される容量のこと

受水槽の構造

受水槽への給水は上部から行う。水面の高さが一定以上にならないように、水面に浮くボールタップとセンサーが連動してバルブを自動で閉にする機能がある。さらにオーバーフロー管を取り付けて、受水槽上部からのあふれを防止する。オーバーフロー管は、逆流を防ぐために間接排水とする。雑用水の受水槽は建築物の躯体を使って設けることもあるが、飲料水受水槽については禁止されている。水質の管理については、水が受水槽に入る前は水道局、それ以降は建物の所有者が行う

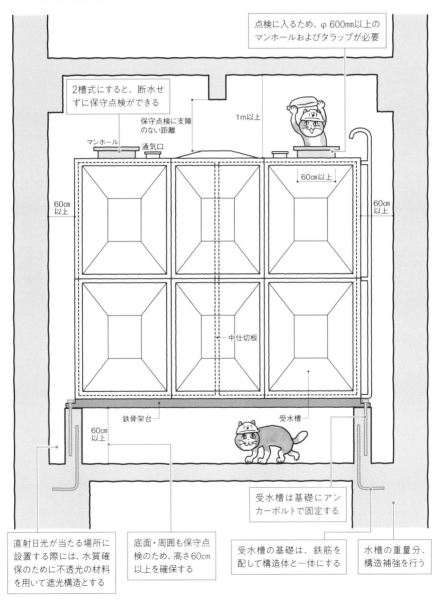

点検に入るため、φ600mm以上のマンホールおよびタラップが必要

2槽式にすると、断水せずに保守点検ができる

保守点検に支障のない距離

1m以上

マンホール　通気口

60cm以上

60cm以上

60cm以上

60cm以上

中仕切板

鉄骨架台

受水槽

60cm以上

直射日光が当たる場所に設置する際には、水質確保のために不透光の材料を用いて遮光構造とする

底面・周囲も保守点検のため、高さ60cm以上を確保する

受水槽は基礎にアンカーボルトで固定する

受水槽の基礎は、鉄筋を配して構造体と一体にする

水槽の重量分、構造補強を行う

建物内給水・給湯用語と注意点

給水・給湯設備にはさまざまな用語や注意したいポイントがあります。ここでは知っておきたい用語や知識を解説します。

クロスコネクション

飲料水系統の配管とその他の系統（雑排水管、雨水管、汚水管など）の配管を接続することをクロスコネクションというが、上水の汚染につながるため、禁止されている。受水槽のオーバーフロー管に設ける排水口空間や、洗面器の蛇口下の吐水口空間はクロスコネクション防止の工夫である［43頁参照］

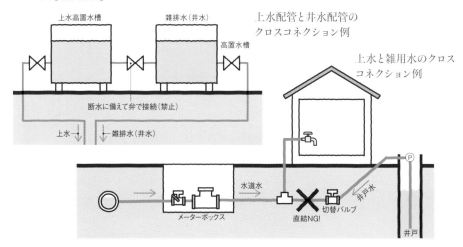

上水配管と井水配管の
クロスコネクション例

上水と雑用水のクロス
コネクション例

キャビテーション

管内の水の静圧が下がると、水が局部的に蒸発しやすい状態となり、気泡を生じることがある。この現象をキャビテーションといい、騒音や振動が発生して管を痛める原因となる現象である

キャビテーションの原理

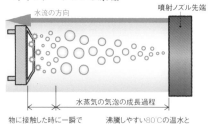

物に接触した時に一瞬で消滅、その時に衝撃力が発生

沸騰しやすい80℃の温水と特殊ノズルで水蒸気の気泡を発生させる

スイベルジョイント

エルボ継手を複数用いながら配管を立体的に構成していく方法。熱膨張により、配管は軸方向の伸縮をわずかながらも繰り返す。その変位吸収のために、伸縮継手やスイベルジョイントを用いる。地震対策などで配管と垂直方向の変位吸収が必要な場合、フレキシブルジョイントやスイベルジョイントの出番である

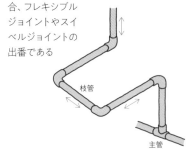

ウォータハンマーと予防策

配管内の流速が速いときに、配管の流れを急に止めると、管から 衝撃音が発生することがある。これをウォータハンマーという［43頁参照］。ウォータハンマー防止のため、管内の流速は2m/s以下が望ましい。また、エアチャンバーを取り付けて衝撃を吸収させることでウォータハンマーを防止できる

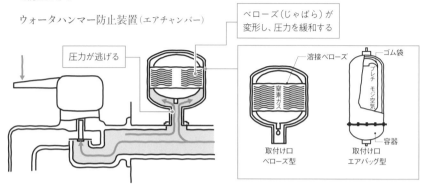

ウォータハンマー防止装置（エアチャンバー）

ベローズ（じゃばら）が変形し、圧力を緩和する

圧力が逃げる

溶接ベローズ
窒素ガス
取付け口
ベローズ型

ゴム袋
プレチャ
モジ空気
容器
取付け口
エアバッグ型

空調設備の冷温水配管形式と膨張水槽

膨張水槽は、温度上昇により温水が体積膨張することによる管内圧力を緩和する装置。貯湯槽近傍の配管上などの温度の高い部分や、キャビテーションの発生しやすい給湯配管最上部付近などに設ける。膨張水槽が機能しないと大変危険なので、貯湯管と膨張管の間にバルブは設けない

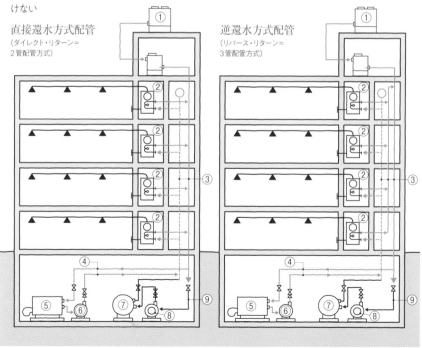

直接還水方式配管
（ダイレクト・リターン＝
2管配管方式）

逆還水方式配管
（リバース・リターン＝
3管配管方式）

①開放膨張水槽　②空調機　③冷温水配管　④温水配管　⑤温水ボイラー　⑥温水ポンプ　⑦冷凍機　⑧冷水ポンプ　⑨冷水配管

排水槽の役割と構造

地下階を有する、ある程度規模の大きな建築物では、内部で生じた排水を**排水槽**に貯留した後に排水ポンプで汲み上げ、公共下水道に放流します。ここでは排水槽の仕組みを解説します。

排水の流れと排水槽

建築物の各階の衛生器具からの汚水および雑排水は、排水横枝管を通ってパイプスペース内の排水縦管に流入し、排水槽に貯まる。その後、地中で排水横主管に受け渡され、汚水ますや公共ますを経て下水に放流される。排水槽の詳しい構造のポイントについては右頁参照

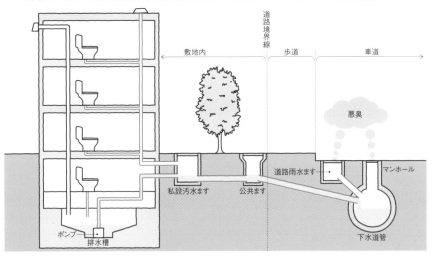

排水槽の悪臭やガス、害虫発生の防止とポイント

不衛生な汚水や生活雑排水を貯留する排水槽には汚れが溜まりやすい。排水に関する設備は、6ヶ月に一度は必ず清掃しなければならない。管理が不十分だと、排水槽内の汚泥やスカム（水面に浮いた固形物や油脂分）が腐敗して卵が腐ったような臭いの硫化水素などが発生し、悪臭を生じるおそれがある。排水槽の管理のポイントについては右頁参照

排水槽の構造

排水槽は内部に汚れが溜まりやすいため、点検・清掃などの維持管理を容易に行える場所を選んで設置する必要がある。また、排水槽には故障に備えて複数台の排水ポンプを設置する。排水ポンプの自動運転は通常水位制御によって行われるが、排水槽内の排水の貯留時間が数時間を超えると腐敗による悪臭が強くなるので、それ以内の貯留時間で起動するようタイマーによる制御を水位制御と併用することが望ましい

排水槽は、通気管以外の部分から臭気が漏れない構造とする。通気管は単独で大気中に開口する。厨房排水槽と汚水排水槽は別々に設置することが望ましい

内部の保守点検が容易な位置に有効内径600mm(直径が60cm以上の円が内接できるもの)以上の密閉型マンホールを設ける。マンホールは2個以上設けることが望ましい。マンホールふたはパッキン付き密閉型にする

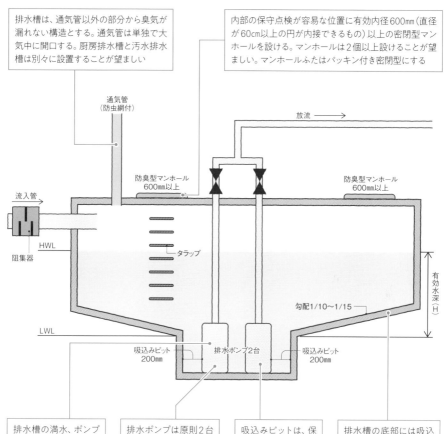

通気管
(防虫網付)

放流 →

流入管

HWL

阻集器

防臭型マンホール
600mm以上

防臭型マンホール
600mm以上

タラップ

勾配1/10〜1/15

有効水深(H)

LWL

吸込みピット
200mm

排水ポンプ2台

吸込みピット
200mm

排水槽の満水、ポンプの運転の制御には電極棒は使わない(電極棒は汚物により誤作動の原因になる)。排水槽の満水、ポンプの運転の制御にはフロートスイッチが適している

排水ポンプは原則2台設置し、自動交互運転とするが、水量が増えた時には同時運転も可能。排水ポンプには、水中ポンプ、縦型ポンプ、横型ポンプ等があるが、設置スペースが必要ない水中ポンプが多用されている

吸込みピットは、保守のためのスペースとして200mm以上の空間を水中ポンプの周囲に設けられる大きさとする

排水槽の底部には吸込みピットを設ける。沈殿物がピット内に流れ込みやすいよう、排水槽の底部には1/15以上、1/10以下の勾配をつける

排水管と通気管の配管上の注意

住宅の排水計画の基本は**屋内分流・屋外合流**。建物内ではトイレから出る汚水とキッチン、浴室などから出る雑排水を分けて流し、建物外の排水桝で合流させる方法です。キッチンからの排水は油分が付着しやすく詰まりやすいので、可能であれば単独配管にしましょう。

排水竪管と衛生器具の配置

建物内の排水管は、排水竪管と排水横枝管がある。2階建て以上からの排水竪管と最下階の排水管は原則として合流させない。これにより、排水管に詰まりが生じた場合、1階の衛生器具類から排水があふれるのを防ぐことができる

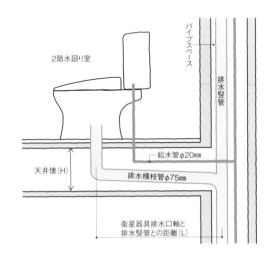

2階水廻り室

パイプスペース

排水竪管

給水管φ20mm

天井懐（H）

排水横枝管φ75mm

衛星器具排水口軸と
排水竪管との距離（L）

排水竪管の通気と通気管末端の取り付け位置

排水管内に水が流れると配管内部の空気も動く。配管内の空気がスムーズに通らないと円滑に排水できないため、排水計画では通気管の確保が必須となる。通気竪管は通常、排水竪管の最上部を待機に開放（伸頂通気）して確保する。通気竪管の口径は原則として排水竪管と同口径とし、排水竪管の上部からさらに延長して確保する

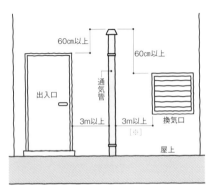

60cm以上

60cm以上

出入口

通気管

3m以上　3m以上
　　　　　[※]

換気口

屋上

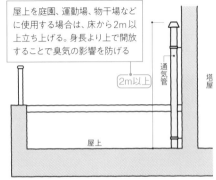

屋上を庭園、運動場、物干場などに使用する場合は、床から2m以上立ち上げる。身長より上で開放することで臭気の影響を防げる

2m以上

通気管

塔屋

屋上

※ 出入口や換気口の上端より60cm以上立ち上げたところに開口部を置けない場合、水平に3m以上離す必要がある。隣地建物の窓が近い場合などは悪臭のクレームなどに特に注意する。また、屋根に開口する通気管は、屋根から200mm以上立ち上げること

ビルディングの配管例

各階の衛生器具からの汚水および雑排水は、排水横枝管を通ってパイプスペース内の排水竪管に流入する。その後、地中で排水横主管に受け渡され、汚水ますを経て下水に放流されるのが基本のルート。ただし、より安全かつ確実に汚水、雑排水を放流するために、図のような工夫を施している。1階の衛生器具からの汚水と雑排水は直接排水竪管に流さずに、地下ピットの排水槽に貯めてから、排水ポンプで汲み上げて放流する形とする。これにより、上階からの汚水、雑排水の落下によって1階の衛生器具の封水が飛び出してしまう危険を回避している

ループ通気方式の例

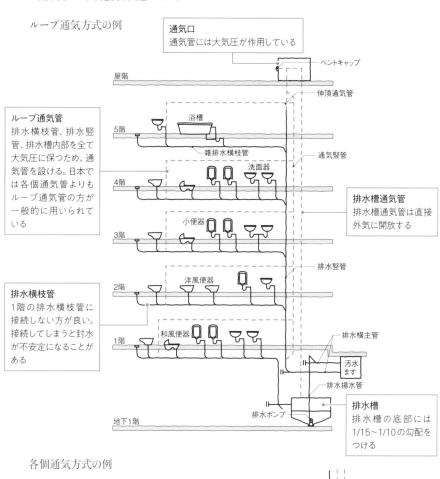

通気口
通気管には大気圧が作用している

ベントキャップ

屋階

伸頂通気管

ループ通気管
排水横枝管、排水竪管、排水槽内部を全て大気圧に保つため、通気管を設ける。日本では各個通気管よりもループ通気管の方が一般的に用いられている

5階　浴槽

雑排水横枝管

通気竪管

4階　洗面器

排水槽通気管
排水槽通気管は直接外気に開放する

3階　小便器

排水横枝管
1階の排水横枝管に接続しない方が良い。接続してしまうと封水が不安定になることがある

2階　洋風便器

排水竪管

1階　和風便器

排水横主管

汚水ます

排水揚水管

排水ポンプ

排水槽
排水槽の底部には1/15〜1/10の勾配をつける

地下1階

各個通気方式の例

各個通気管
ループ通気管よりも性能がよいが、コストが高い

3階

下水道の種類と仕組み

建物などから排除される生活排水や工業排水、または雨水を総称して**下水**と呼びます。それらの下水を適切な水質に浄化するための処理場に安全に運ぶのが、下水道の役割。**下水道設備**とは、排水管や排水渠、排水のための施設や処理場などを含めた総称です。

水と下水の循環

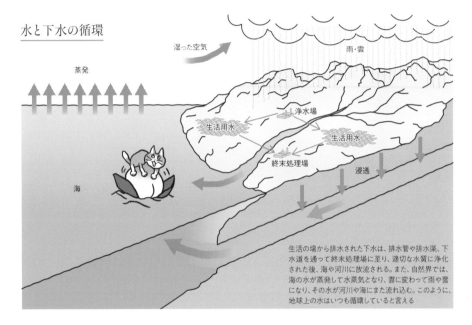

湿った空気

雨・雲

蒸発

浄水場

生活用水

生活用水

終末処理場

浸透

海

生活の場から排水された下水は、排水管や排水渠、下水道を通って終末処理場に至り、適切な水質に浄化された後、海や河川に放流される。また、自然界では、海の水が蒸発して水蒸気となり、雲に変わって雨や雪になり、その水が河川や海にまた流れ込む。このように、地球上の水はいつも循環していると言える

下水道の種類

下水道法により、以下のように分類される

下水道（下水道法による）

公共下水道
※主に市街地の下水を排除・処理するもの。施設の管理は原則として市町村

流域下水道
※2つ以上の市町村の下水を排除・処理するもの。施設の管理は原則として都道府県

都市下水路
※主に市街地の雨水を排除するもの。終末処理場は有さない

流域関連公共下水道
※市町村区域内の下水道で流域下水道の幹線に下水を流すもの

単独公共下水道
※1つの市町村区域内で終末処理場を含む下水道を有するもの

特定環境保全公共下水道
※農村漁村部や観光地などの環境の改善や保存のために設けるもの

特定公共下水道
※工場など特定の事業活動により排出される下水を処理するもの

下水の種類

一般的に下水とは**汚水**（し尿を含むもの）、**雑排水**（洗濯などの生活排水）、雨水を指す

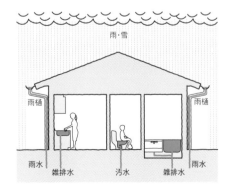

雨・雪

雨樋

雨樋

雨水

雑排水

汚水

雑排水

雨水

下水管の仕組み

建物から排出される下水は、主に**分流式**か**合流式**どちらかの方法で排除される。一般的に、汚水と雑排水をまとめて**汚水**として扱う。分流式の場合、汚水は下水管へ、雨水は側溝や水路へ流す。合流式の場合、雨水を汚水と一緒に下水管へ流す

排水設備図（分流式）

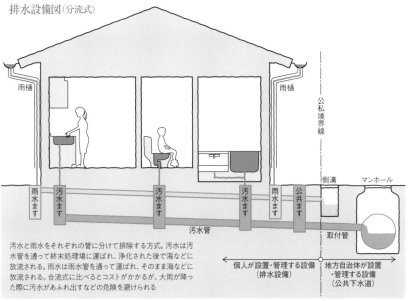

雨樋　雨樋　公私境界線　側溝　マンホール

雨水ます　汚水ます　汚水ます　汚水ます　雨水ます　公共ます　汚水管　取付管

汚水と雨水をそれぞれの管に分けて排除する方式。汚水は汚水管を通って終末処理場に運ばれ、浄化された後で海などに放流される。雨水は雨水管を通って運ばれ、そのまま海などに放流される。合流式に比べるとコストがかかるが、大雨が降った際に汚水があふれ出すなどの危険を避けられる

個人が設置・管理する設備
（排水設備）　地方自治体が設置・管理する設備
（公共下水道）

排水設備図（合流式）

現在では「分流式」が主流になりつつあるらしい

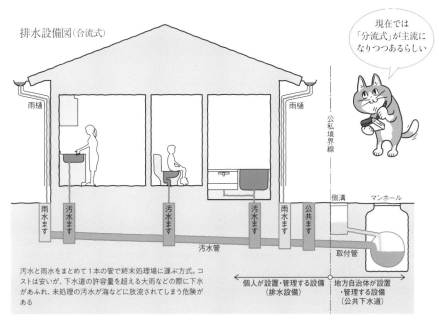

雨樋　雨樋　公私境界線　側溝　マンホール

雨水ます　汚水ます　汚水ます　汚水ます　雨水ます　公共ます　汚水管　取付管

汚水と雨水をまとめて1本の管で終末処理場に運ぶ方式。コストは安いが、下水道の許容量を超える大雨などの際に下水があふれ、未処理の汚水が海などに放流されてしまう危険がある

個人が設置・管理する設備
（排水設備）　地方自治体が設置・管理する設備
（公共下水道）

ビルディングの排水・雨水利用

水不足や水質汚染は現代に生きる私たちにとって重要な問題であり、この問題の解決は重要な責務です。ここでは排水や雨水を有効利用して、水資源を循環的に有効利用するシステムをご紹介します。

排水再利用システム

オフィスビルの洗面などの雑排水を再生処理して、トイレ洗浄や散水など飲用以外の用途に再使用するシステム。水資源を有効活用できるため、上下水道料金の節約、都市部の水不足時や震災時の水確保にも寄与する。トイレ洗浄排水（し尿を含む排水）も原水とすることができるが、この場合の処理水は便所洗浄にのみ利用する

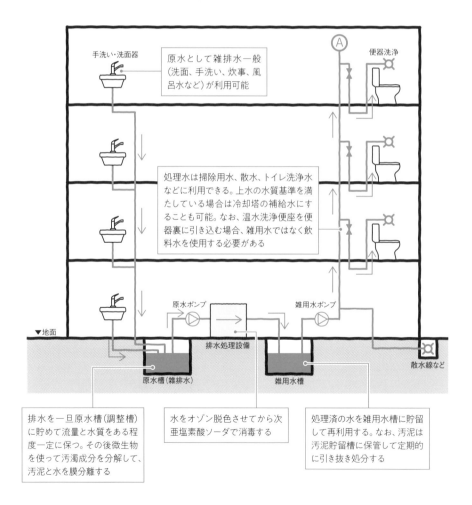

手洗い・洗面器

原水として雑排水一般（洗面、手洗い、炊事、風呂水など）が利用可能

便器洗浄

処理水は掃除用水、散水、トイレ洗浄水などに利用できる。上水の水質基準を満たしている場合は冷却塔の補給水にすることも可能。なお、温水洗浄便座を便器裏に引き込む場合、雑用水ではなく飲料水を使用する必要がある

原水ポンプ

雑用水ポンプ

▼地面

排水処理設備

散水線など

原水槽（雑排水）

雑用水槽

排水を一旦原水槽（調整槽）に貯めて流量と水質をある程度一定に保つ。その後微生物を使って汚濁成分を分解して、汚泥と水を膜分離する

水をオゾン脱色させてから次亜塩素酸ソーダで消毒する

処理済の水を雑用水槽に貯留して再利用する。なお、汚泥は汚泥貯留槽に保管して定期的に引き抜き処分する

雨水再利用システム

トイレ洗浄排水などの雑用水として、建物の屋上に降った雨を集めて利用するシステム。自然の資源を有効活用できる。なお、雨水集水には、平らで大きな面積の屋根面を持つ建物が一般に有利である

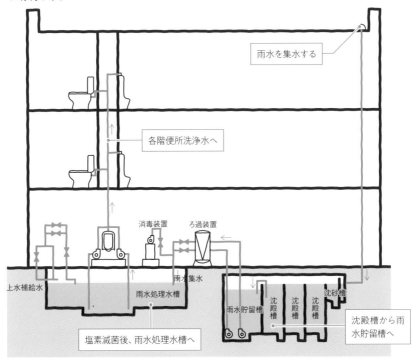

雨水を集水する

各階便所洗浄水へ

消毒装置　ろ過装置

上水補給水　雨水集水　沈砂槽

雨水処理水槽　雨水貯留槽　沈殿槽　沈殿槽　沈殿槽

塩素滅菌後、雨水処理水槽へ　沈殿槽から雨水貯留槽へ

傾斜のある屋根面からの雨水集水量（排水能力）

屋根の水平面投影面積から集水量（排水量）を求めることが可能。これを元に、軒といや縦といのサイズを決める必要がある。また、屋根面などの集水面に大面積の鉛直壁面が存在する場合は、壁面面積の50%を集水面積に加算できる

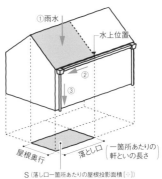

①雨水
水上位置
②
③
屋根奥行　落とし口　一箇所あたりの軒といの長さ
S〔落し口一箇所あたりの屋根投影面積［※］〕

凡例
①降雨量 W（ℓ /s）
②軒とい排水量 Q（ℓ /s）
③縦とい排水量 Q'（ℓ /s）

計算式

降雨量W ≦ 軒とい排水量Q
降雨量W ≦ 縦とい排水量Q'

※十分な排水には、上記を満たすといを選択する必要がある

たとえば立体駐車場のように、該当する屋根に接して立ち上がる大きな外壁があり、斜めに降る雨を外壁面全体に受けるような場合、雨が垂直面と30°の角度で吹き付けると考慮し、外壁面の面積の50%を屋根投影面積に加算すると安全である

※ 屋根上から投影して現れる水平面上の面積

水質の管理方法

水質の評価を行うための指標として、BOD（生物化学的酸素要求量）、COD（化学的酸素要求量）、SS（汚水に含まれる浮遊物質量）、DO（水中に溶解している酸素の量）、pH（水素イオン指数）などがあります。ここでは主にBOD、COD、SSについて解説します。

BOD（生物化学的酸素要求量）とCOD（化学的酸素要求量）

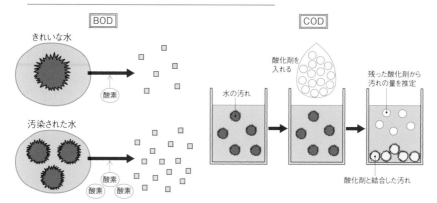

BOD (Biochemical Oxygen Demand)

水中の微生物が、水中の有機物質を生物化学的に分解するときに消費される酸素量を示す。単位はmg/ℓで、値が大きいほど汚れていると言える。河川などの淡水域で用いられる。BODは通常、気温、水温ともに20℃の状態において5日間で1ℓの水を浄化するのに何mgの酸素が必要かをmg/ℓで示す

COD (Chemical Oxygen Demand)

排水中の酸化されやすい有機物などによって消費される酸素を、酸化剤を用いて分解するときに消費する酸素量を示す。海域や湖沼の水質評価に用いられ、単位はmg/ℓ。硫酸酸性で過マンガン酸カリウムにより100℃で30分間反応させたときの消費量を測定する方法が用いられる。有機物と無機物、両方の要求酸素量である

SS（浮遊物質濃度）

水中に浮遊する粒径2mm以下の不溶解性物質の総称で、重量濃度［mg/ℓ］で表される。ガラス繊維濾紙法と遠心分離法の2種の方法がある。浮遊物質が多いと、光の透過が妨げられる、透明度が下がる、水中の植物の光合成に影響し発育を阻害する、魚類のエラが詰まって死んでしまう、などの悪影響がある

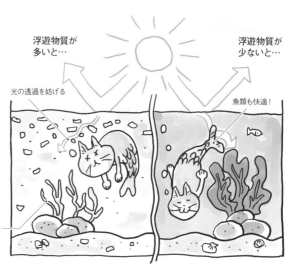

阻集器の役割

阻集器とは、排水中に含まれる有害物や危険物など、流下を阻止すべき物質を分離、収拾して、それ以外を流下させる装置です。一般にトラップ機能をもちますが、この機能がない場合は下流側にトラップを設けます。収集するものによって、**グリース阻集器**（飲食業店舗など）、**オイル阻集器**（ガソリンスタンド、駐車場、車体工場など）、**プラスタ阻集器**（歯科医院、外科医院など）、**毛髪阻集器**（美容院、ランドリーなど）、**砂阻集器**、**ガラス破片阻集器**などがあります。

グリース阻集器のつくり

主に、厨房の排水に含まれる油脂類を水分と分離して収集する装置

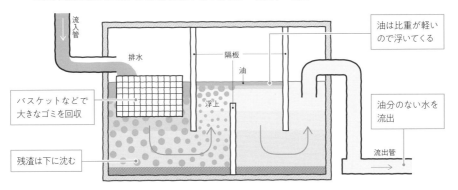

流入管
排水
隔板
油
浮上
油は比重が軽いので浮いてくる
バスケットなどで大きなゴミを回収
油分のない水を流出
残渣は下に沈む
流出管

オイル阻集器のつくり

ガソリン・油類を阻集器の中で水面に浮かべて収集する装置。グリース阻集器と基本的な仕組みは同じだが、「（洗車時の排水の）流入流量」「（車からの）オイル阻集量」「（車ボディの）土砂たい積量」「雨水の流入流量」の4つのパラメーターを同時に考えながら、適正な製品を選ぶことが望ましい

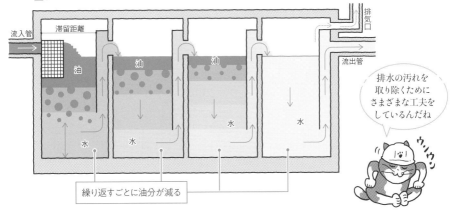

流入管
滞留距離
油
油
油
排気口
流出管
水
水
水
水
水
繰り返すごとに油分が減る

排水の汚れを取り除くためにさまざまな工夫をしているんだね

ウトウト

床下配管の図面ポイント

実際に排水設備を検討する場合、図面上にはどんな情報を書き込む必要があるでしょうか？ 男子トイレと女子トイレの給水、排水、通気管の系統図例を見ながら解説します。各種配管が重なる部分がある場合、排水管が最も下になるように図面を描きます。また、パイプスペースからの飲料水、雑用水の枝管の取り出し部には必ずコックを設けています。この図では、温水洗浄便座はありませんが、必要な場合は上水給水管（飲料水）を配管します。

床下配管の図面例

排水管は、衛生器具数台を1つの系統にまとめながら、複数の系統を1本の排水横枝管に集中させて、パイプスペース内の排水竪管に接続する。通気管は、最上流の各衛生器具のすぐ下流側の排水管に取り付け、衛生器具のもっとも高いあふれ縁より15cm以上立ち上げて横引きにし、パイプスペース内の通気竪管に接続する

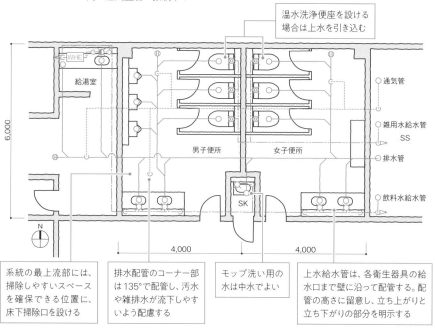

温水洗浄便座を設ける場合は上水を引き込む

○ 通気管

○ 雑用水給水管
SS

─ 排水管

○ 飲料水給水管

給湯室

男子便所　女子便所

SK

6,000

N

4,000　　4,000

系統の最上流部には、掃除しやすいスペースを確保できる位置に、床下掃除口を設ける

排水配管のコーナー部は135°で配管し、汚水や雑排水が流下しやすいよう配慮する

モップ洗い用の水は中水でよい

上水給水管は、各衛生器具の給水口まで壁に沿って配管する。配管の高さに留意し、立ち上がりと立ち下がりの部分を明示する

設備記号

⊗	混合水栓	◐	床上掃除口	⊗	給水栓	─┤─	給湯管
⊗	洗浄弁	-----	雑用水給水管	○	排水口	───	飲料水給水管
WHE	電気湯沸かし器	───	排水管	◁	仕切弁	....	通気管

給排水・空調管の種類

給排水や空調配管には、**鋼管**(SGP)、給水、給湯、排水、冷温水のいずれにも使用できる**ステンレス鋼管**(SU)、一般水道や排水に用いる**鋳鉄管**(FC)、電気や熱の伝導性が大きく、また耐食性に優れ幅広く使われる**銅管**(CUP)、可とう性と耐食性に優れ、給排水一般に利用される**鉛管**(LP)、**樹脂管**、**セメント管**などさまざまな種類があります。ここではその一部をご紹介します。

主な管の種類

名称	記号	給水一般	給水埋設	給湯	排水	通気	消火 水系一般	消火 水系埋設	消火 ガス系	ガス一般	ガス埋設	冷温水密閉	冷温水解放	冷却水	冷媒	蒸気	蒸気還水	油
配管用炭素鋼管(白)	SGP (白)				○	○	○			○		○	○	○				
配管用炭素鋼管(黒)	SGP (黒)						○			○		○				○	○	○
圧力配管用炭素鋼管(白)	STPG (白)						○			○								
水道用硬質塩化ビニルライニング鋼管	SGP-VA、VB、VD	○	○ (VD)											○				
ポリエチレン被覆鋼管	P1H, P2S, P1F										○							○
一般配管用ステンレス鋼管	SUS-TPD	○	○															
ダクタイル鋳鉄管	D-CIP	○	○															
被覆銅管														○	○			
水道用銅管																		
硬質塩化ビニル管	VP、VU、VP	○ (VP)	○ (VP)		○	○			○					○				
水道用ポリエチレン二層管		○	○															
遠心力鉄筋コンクリート管	HP				○													
強化プラスチック複合管					○													

水道用硬質塩化ビニルライニング鋼管(VLP)の種類

配管用炭素鋼管は、飲料水以外の水、ガス、油、水蒸気などの配管に用いられる。亜鉛メッキされたものは白管、特に水道用のものは水道用亜鉛メッキ鋼管(SGPW)、メッキのないものは黒管と呼ばれる。耐食性を増すために内外に樹脂ライニングしたライニング鋼管の中でも、**硬質塩化ビニルライニング鋼管**が給水一般によく用いられる

VLP-VA管
(一般配管用・表面サビ止め加工)

硬質塩化ビニル
VLP（配管用炭素鋼鋼管）
一次防錆塗装

VLP-VB管
(一般配管用・表面亜鉛メッキ)

硬質塩化ビニル
VLP
亜鉛メッキ

VLP-VD管
(地中配管用：表面ビニルライニング)

硬質塩化ビニル
VLP
接着剤
硬質塩化ビニル被膜

給排水で使用する弁の種類

給排水配管に用いられる配管材料には、さまざまなパーツがあります。たとえば管なら、鋼管、ステンレス鋼管、樹脂管など素材も異なりますし、ステンレス製で自由に曲げた形状も保持できるフレキ管などもありますので、使う場所や施工性に合わせて選ぶことができます。ここでは、配管パーツの中でも重要な「弁（バルブ）」を図解します。

主な弁の形状と特徴

仕切弁（ゲート弁）

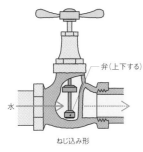

弁（上下する）

水

ねじ込み形

鋳鉄＋溶接構造とステンレス製のゲートで構成されている。水を垂直に仕切る構造で、全開か全閉で使用する

玉形弁

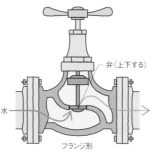

弁（上下する）

水

フランジ形

水の流量を調整したい場合に適する。S字状に水が流れる仕組み

バタフライ弁

弁（回転する）

水

短円筒形の弁箱の中で、円盤状の弁体が回転して流体を制御する90度回転で全開・全閉が容易にでき、操作性に優れる

スイング式逆止弁

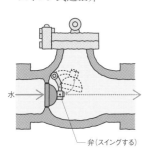

水

弁（スイングする）

逆流を防ぐ。水平・垂直方向に使用される。蝶番状の弁が水圧により押し上げられる

リフト式逆止弁

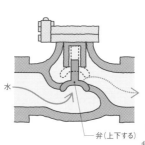

水

弁（上下する）

弁の自重によって閉になり、逆流を防ぐ。水平方向に使用する

フート弁

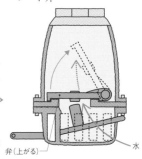

弁（上がる）

水

地下の貯水槽など低い場所にある水源から水を汲み上げる際に用いる逆止弁。汲み上げた水が落下するのを防ぐ

第 3 章

電気設備

現代社会では、人が電気を使わずに生活することは不可能と言っても過言ではありません
電気エネルギーをつくり出し、使用する場所まで送り、各所で活用するために不可欠な電
気設備は、社会においてとても重要な役割を担っています。

電気が建物に届くまでのルート

電気は、私たちが文化的な生活を営む上で中心的なエネルギーのひとつです。電気エネルギーを滞りなく享受する仕組みを知っておきましょう。

発電所から建物に電気を引き込むまで

発電所で生み出された電気は、50万ボルトという高圧で電気エネルギーが送電線に送り込まれる。幾つかの変電所を経由して、電圧は徐々に下げられながら送られ、一般のビルに取り込まれるときは6,600Vで受電。一般住宅では柱上変圧器などでさらに降圧され、200Vや100Vにするのが一般的。電圧を下げるには、変圧器(トランス・87頁参照)が大きな役割を果たしている。電圧を上げたり下げたりする理由については82頁参照

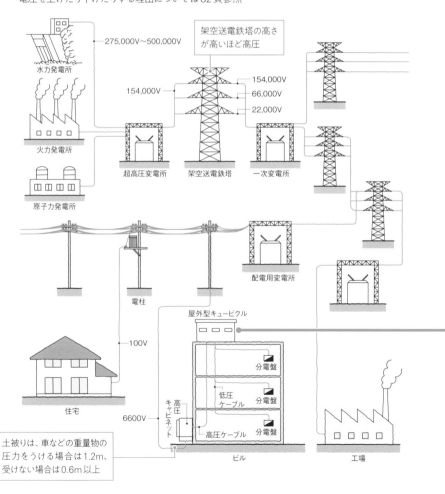

架空送電鉄塔の高さが高いほど高圧

275,000V〜500,000V

水力発電所

154,000V

154,000V
66,000V
22,000V

火力発電所

超高圧変電所　架空送電鉄塔　一次変電所

原子力発電所

配電用変電所

電柱

屋外型キュービクル

100V

分電盤

低圧
ケーブル　分電盤

高圧
キャビネット

6600V

高圧ケーブル　分電盤

住宅

ビル　　工場

土被りは、車などの重量物の圧力をうける場合は1.2m、受けない場合は0.6m以上

建物(ビルディング)内に配電するしくみ

ビルディングには、通常は電圧6,600Vの高圧で電気が引き込まれた後、キュービクル[88頁参照]内の変圧器で必要なレベルに電圧を下げてから建物内に配電される。キュービクルを出た建物内の電力系統は、大きく2つにわけられる。ひとつは照明・コンセント系統で、主に100Vや200Vに電圧を下げ、照明機器や各種OA機器、エアコンなどに電力を供給する。もうひとつは動力系統で、空調用の送風機や給水用ポンプなど、大きな回転力を必要とする機器に電力を供給する

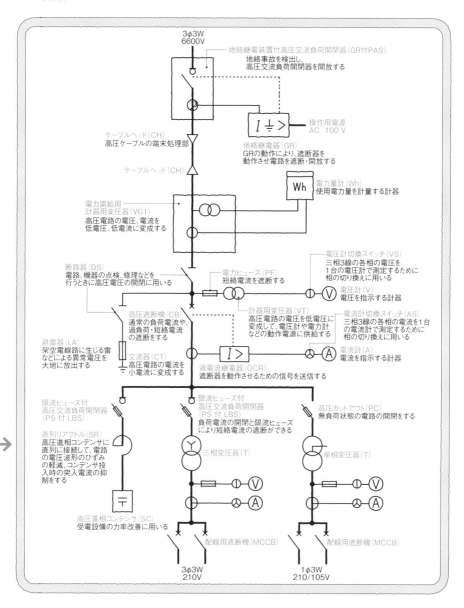

3φ3W
6600V

地絡継電装置付高圧交流負荷開閉器(GR付PAS)
地絡事故を検出し、
高圧交流負荷開閉器を開放する

操作用電源
AC 100 V

ケーブルヘッド(CH)
高圧ケーブルの端末処理部

地絡継電器(GR)
GRの動作により、遮断器を
動作させ電路を遮断・開放する

ケーブルヘッド(CH)

電力量計(Wh)
使用電力量を計量する計器

電力需給用
計器用変圧器(VCT)
高圧回路の電圧、電流を
低電圧、低電流に変成する

電圧計切換スイッチ(VS)
三相3線の各相の電圧を
1台の電圧計で測定するために
相の切り換えに用いる

断路器(DS)
電路、機器の点検、修理などを
行うときに高圧電圧の開閉に用いる

電力ヒューズ(PF)
短絡電流を遮断する

電圧計(V)
電圧を指示する計器

高圧遮断機(CB)
通常の負荷電流や、
過負荷・短絡電流の
遮断をする

計器用変圧器(VT)
高圧回路の電圧を低電圧に
変成して、電圧計や電力計
などの動作電源に供給する

電流計切換スイッチ(AS)
三相3線の各相の電流を1台
の電流計で測定するために
相の切り換えに用いる

避雷器(LA)
架空電線路に生じる雷
などによる異常電圧を
大地に放出する

変流器(CT)
高圧電路の電流を
小電流に変成する

過電流継電器(OCR)
遮断器を動作させるための信号を送信する

電流計(A)
電流を指示する計器

限流ヒューズ付
高圧交流負荷開閉器
(PS付 LBS)

限流ヒューズ付
高圧交流負荷開閉器
(PS付 LBS)
負荷電流の開閉と限流ヒューズ
により短絡電流の遮断ができる

高圧カットアウト(PC)
無負荷状態の電路の開閉をする

直列リアクトル(SR)
高圧進相コンデンサに
直列に接続して、電路
の電圧波形のひずみ
の軽減、コンデンサ投
入時の突入電流の抑
制をする

三相変圧器(T)

単相変圧器(T)

高圧進相コンデンサ(SC)
受電設備の力率改善に用いる

配線用遮断機(MCCB)

配線用遮断機(MCCB)

3φ3W
210V

1φ3W
210/105V

特別高圧・高圧・低圧

ここでは、電圧の区分についてご紹介します。

電圧の種類

電力会社が供給する電力は、電圧によって**特別高圧**、**高圧**、**低圧**にわけられる

特別高圧

・大工場や高層ビルなどで使用
・交流、直流ともに7,000Vをこえるもの

電圧の高い状態の方が、送電損失が抑えられる!

高圧

低圧

・中小工場や企業などで使用
・交流／600Vをこえ7,000V以下、直流／750Vをこえ
7,000V以下のもの

・各家庭や商店などで使用
・交流／600V以下、直流／750V以下のもの

電力契約の種類

電力会社との契約の際は、供給電力量や電圧によって契約電力を決定する

区分	契約電力	供給電圧	用途産業用	業務用	電力小売り
特別高圧	2,000kW以上	20,000V以上	産業用特別高圧（大規模工場）	業務用特別高圧（大規模オフィスビル、デパート、病院など）	自由化[※1]
高圧大口（高圧電力B）	2,000kW未満500kW以上	6,000V	産業用高圧大口（中規模工場）	業務用高圧大口（中規模ビル、スーパーなど）	自由化[※2]
高圧小口（高圧電力A）	500kW未満50kW以上	6,000V	産業用高圧小口（小規模工場）	業務用高圧小口（小規模ビル）	
低圧	50kW未満	200V 100V	低圧電力（工場、店舗など三相機器を使用）	電灯（家庭、店舗など単相機器を使用）	地域電力会社に限定

※1 地域電力会社以外でも可能　※2 地域電力会社以外でも可能。沖縄は不可

高圧引込みの仕組み

集合住宅の受変電設備は、キュービクル式高圧受電設備[88頁]のほか、バットマウント(電力会社の所有物。現在は改良型の「集合住宅用変圧器」に移行しつつあるが、省スペースなので協議の上使用可能)や集合住宅用変圧器(電力会社の所有物で70世帯クラスの集合住宅に適する。設置場所は電力会社の規定に従う)などがある。これらを介して高圧電力を引込む

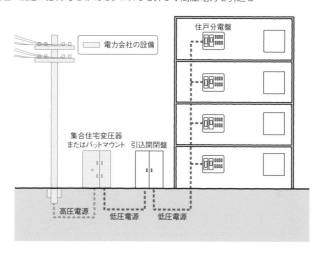

低圧引込みの仕組み

電柱の上にある変圧器(トランス)で電圧を下げて敷地内に引込み、電力量計(メーター)と引込開閉器盤を介して住宅内に電気を導く仕組み。建物直受け方式と引込柱方式がある。後者は敷地の道路わきに引込柱を立て、地中ケーブルで建物内に導くことも可能。道路から建物まで距離がある場合や建物廻りをすっきりさせたいときに有効

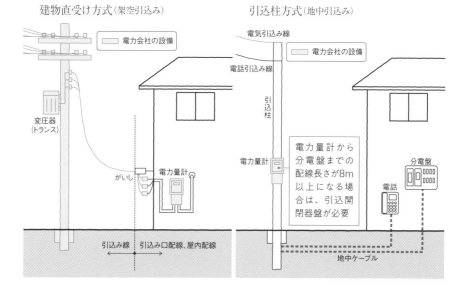

電流・電圧・電力

ここでは、電気について表す用語とその概念について説明します。

電流(A)・電圧(V)・電力(VA・W)とは

● 電流(A／アンペア)
電線の中を実際に流れる電気の量(大きさ)を示し、直流と交流の2種類がある[86頁参照]。単位はA／アンペアで表し、この数字が大きいほど、流れている量が大きくなる。電流が方向を変える度数を**周波数(Hz／ヘルツ)**といい、日本では2種類の周波数が用いられている(下左図参照)

● 電圧(V／ボルト)
電流を流すための電気の力(圧力)を示し、**単相100V、単相200V、三相200V**の3種類がある[104頁参照]。単位はV／ボルトで表し、この数字が大きいほど電気の力も大きくなる

● 電力(VA／ボルトアンペア・W／ワット)
電流によって単位時間に行われる仕事の量(大きさ)示し、この数値が大きいほど使われる電気量が多い。**VA(ボルトアンペア)は電圧(V)×電流(A)で算出され**、機器に投入される電気エネルギーを表す。一方、**W(ワット)は電圧(V)×電流(A)にワット力率[※]をかけて算出され**、実際に消費される電気エネルギーを指す

日本の周波数

静岡県の富士川から新潟県の糸魚川付近を境に、東は50Hz、西は60Hzに分かれる

富山
長野
新潟
群馬
埼玉
山梨
静岡
静岡

| 60Hz地区 | 50Hz地区 |
富士川・糸魚川以西 ← → 富士川・糸魚川以東

アンペアブレーカー

電力会社と世帯間で契約された電力量(契約アンペア値)を超える電流が流れたとき、電気の供給を自動的に遮断する装置のこと。アンペアブレーカーは電力会社の所有物である

アンペアブレーカー(電流制限器)

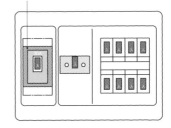

アンペアブレーカーの色	契約電流
赤	10A
桃	15A
黄	20A
緑	30A
灰	40A
茶	50A
紫	60A

※ 電力をどれだけ有効に使用できるかを示す数値

分電盤のつくり

一般的な住宅に設置されている分電盤(従量電灯B契約の場合)には、**アンペアブレーカー**(電流制限器)、**漏電ブレーカー**(漏電遮断器)、**回路ブレーカー**(配線用遮断器)が収められている。分電盤から各部屋に電気を流す配線系統を**回路**といい、通常は1部屋に1回路、照明用回路などに分けられる。古い住宅は回路数が少なく、負荷が集中してブレーカーが落ちやすい傾向がある

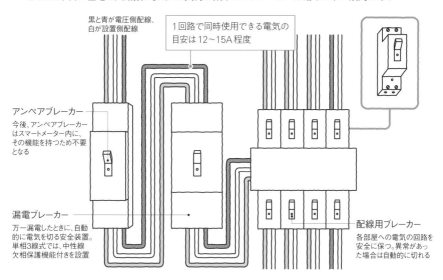

黒と青が電圧側配線、白が設置側配線

1回路で同時使用できる電気の目安は12〜15A程度

アンペアブレーカー
今後、アンペアブレーカーはスマートメーター内に、その機能を持つため不要となる

漏電ブレーカー
万一漏電したときに、自動的に電気を切る安全装置。単相3線式では、中性線欠相保護機能付きを設置

配線用ブレーカー
各部屋への電気の回路を安全に保つ。異常があった場合は自動的に切れる

契約アンペアの目安

アンペアとは**同時に必要な電気の量**と理解するのがポイント。同居人数が多かったり、一度に沢山の電気製品を使ったりする家庭の場合、同時に使用する電気の量が大きくなるため、契約アンペア数を考慮する必要がある

契約	人数の目安	世帯の特徴
10A 15A 20A		・ほぼ電化製品を使用しない**単身世帯**が目安 ・使用できる電化製品にかなり制限がかかる契約アンペア ・エアコンや電子レンジもほぼ使わない
30A	もしくは	・**単身・もしくは2人暮らし**が目安 ・一般的に、契約件数の多いアンペア数
40A		・**3人暮らし程度**が目安 ・一般的な頻度で、エアコンや電子レンジなどの電化製品を使用
50A		・**4人暮らし程度**が目安 ・食洗機や乾燥機付き洗濯機など、電化製品の同時使用頻度は高め
60A		・**2世帯住宅**などが目安 ・家族の人数が多く、電化製品の同時使用頻度も高い世帯向け
60A 以上		・**オール電化住宅**など

直流（DC）と交流（AC）

電気の流れ方には、直流と交流の2種類があります。電力時代の始まりである1880年代後半には、トーマス・エジソンの主張する直流送電とジョージ・ウェスティングハウス、ニコラ・テスラ陣営の交流送電かの「電流戦争」といわれる有名な論争がありました。お互いが持つ特許の利害もありましたが、最終的には変圧器を用いた電圧の変換が容易で、発電所からは高電圧で送電し、家庭で使いやすい電圧に下げてから配電できるなどの利点が多い交流送電が普及したのです。

直流（DC）の仕組み

乾電池に代表される仕組みが**直流（送電）**。直流の特徴は、電圧の大きさと電流が流れる方向が「一定」なこと（ただし、電池には容量があるため、消耗すると電圧が下がる）。乾電池は直流の1.5V、自動車のバッテリーは直流の12Vが一般的

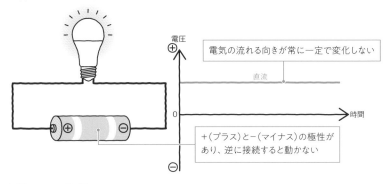

電気の流れる向きが常に一定で変化しない

+（プラス）と-（マイナス）の極性があり、逆に接続すると動かない

交流（AC）の仕組み

建物などのコンセントに配電されている電気は**交流（送電）**。交流は時間の経過とともに、一定の周期で電圧の大きさと向きが変化する。この周期が1秒間に変わる回数を**周波数**と呼ぶ。一般的に使用されているテレビやエアコンなどの電気機器は、交流のままでは使用できないため、内部回路によって交流を直流に整流して使用される

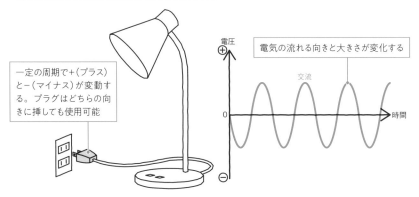

一定の周期で+（プラス）と-（マイナス）が変動する。プラグはどちらの向きに挿しても使用可能

電気の流れる向きと大きさが変化する

変圧器の仕組み

電気を使うために欠かせない変圧器(トランス)ですが、構造は極めてシンプルです。鉄心(コア)に1次コイルと2次コイルを巻き付けたもので、鉄心とコイルの位置関係によって**内鉄形**と**外鉄形**に分類されます。変圧器には鉄心とコイル以外にも、意図しない場所への電流の侵入を防ぐための絶縁や、変圧器内での電力損失によって生じる熱を冷やすための冷却装置などが備え付けられています。

電圧変換の仕組み

入力側の1次コイルに交流電圧が流れると、出力側の2次コイルに電圧が発生し、それぞれのコイルの巻数によって電圧を自由に変えられる仕組み。その原理は**電磁誘導作用**(ファラデーの**法則**)にある。入力側の1次コイルに電圧を加えると交流電流が流れ、鉄心の中に磁束が発生する(アンペールの法則)⇒磁束は鉄心を通って2次コイルに交わる(鎖交)。電磁誘導作用(ファラデーの法則)という、鎖交する磁束が変化すると電圧が発生するコイルの性質により2次コイルに電圧が誘導され、再び交流電流に変換し出力される

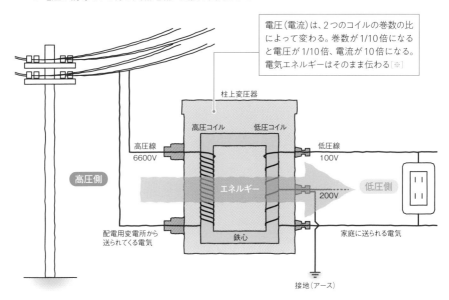

電圧(電流)は、2つのコイルの巻数の比によって変わる。巻数が1/10倍になると電圧が1/10倍、電流が10倍になる。電気エネルギーはそのまま伝わる[※]

柱上変圧器

高圧コイル　低圧コイル

高圧線　6600V

低圧線　100V

高圧側

エネルギー

低圧側

200V

配電用変電所から送られてくる電気

鉄心

家庭に送られる電気

接地(アース)

変圧器の種類

油に浸して冷却する**油入式**と、空気やガスで冷却する**乾式**(=モールド)がある。油入式・乾式のいずれも、油や空気の対流を利用して周囲へ放熱する**自冷式**、外部ファンで強制的に冷却する**風冷式**、冷却水を循環させて冷やす**水冷式**と、冷やし方によってさらに細かく分類される。さらに、配線方式によっても**単相**と**三相**に種類がわかれる[104頁参照]

※ 厳密には、発熱によるエネルギー損失(鉄損あるいは銅損)があり、若干減少する

キュービクル式高圧受電設備

契約電力50kW以上の建物では、原則として受変電設備が設置されます。中小規模のオフィスやビルディングでは、6,600Vで高圧受電した電気を100Vなどに降圧するための変圧器と各種スイッチ類をまとめて、鉄製の定型の箱に収めた簡素版の受変電設備**キュービクル（式高圧受電設備）**を導入します。この設備は省スペースでメンテナンス性に優れ、短納期・低予算で設置できます。設置の際は敷地内に電力会社の高圧キャビネットを設ける必要があります。

キュービクル内部の例

キュービクルの主体になるのは、変圧器［87頁］である。ほか、電圧計、電流計、開閉器、機器の故障や回路の事故などに備えての遮断機などがコンパクトに納まっている

頑丈につくられているけど、耐久年数は10〜15年！

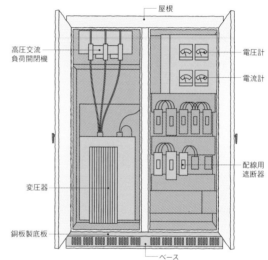

- 屋根
- 高圧交流負荷開閉機
- 電圧計
- 電流計
- 配線用遮断器
- 変圧器
- 銅板製底板
- ベース

屋外に設置する場合の注意点

キュービクルを屋外に設置する場合には、周囲の建物から一定の距離を取らなくてはならない。点検スペースや感電、漏電などの安全性を保つ対策も必須である

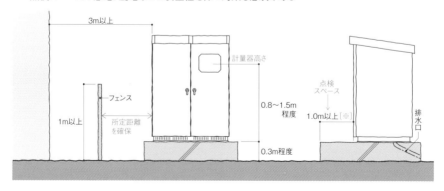

- 3m以上
- 計量器高さ
- フェンス
- 所定距離を確保
- 1m以上
- 0.8〜1.5m程度
- 点検スペース
- 1.0m以上［※］
- 排水口
- 0.3m程度

※ 操作がなく、点検のみの場合は0.6m以上のスペースを確保

受電方式

電力会社から電気の供給を受けるための方式には、いくつかの種類があります。電力会社から1系統のケーブルで電力供給を受ける場合（1回線専用受電）や2系統のケーブルで電力供給を受ける場合など、電力供給を受ける需要家の規模や重要度に応じて選択されます。

主な受電方式とその系統

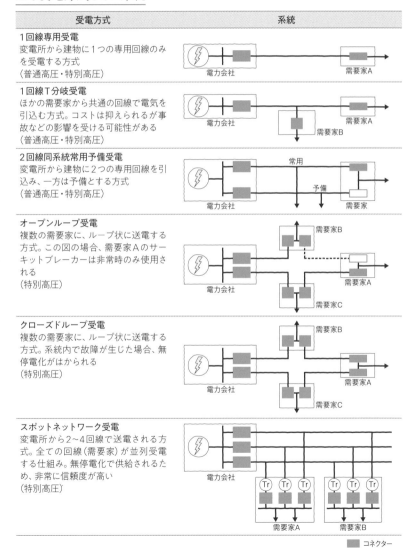

受電方式	系統
1回線専用受電 変電所から建物に1つの専用回線のみを受電する方式 （普通高圧・特別高圧）	
1回線T分岐受電 ほかの需要家から共通の回線で電気を引込む方式。コストは抑えられるが事故などの影響を受ける可能性がある （普通高圧・特別高圧）	
2回線同系統常用予備受電 変電所から建物に2つの専用回線を引込み、一方は予備とする方式 （普通高圧・特別高圧）	
オープンループ受電 複数の需要家に、ループ状に送電する方式。この図の場合、需要家Aのサーキットブレーカーは非常時のみ使用される （特別高圧）	
クローズドループ受電 複数の需要家に、ループ状に送電する方式。系統内で故障が生じた場合、無停電化がはかられる （特別高圧）	
スポットネットワーク受電 変電所から2〜4回線で送電される方式。全ての回線（需要家）が並列受電する仕組み。無停電化で供給されるため、非常に信頼度が高い （特別高圧）	

■ コネクター

フロアダクト配線

オフィスビルなどでは、パソコンや電子機器などをつなぐケーブルを床から取り出せれば便利です。そのため、金属の筒(ダクト)を床下に設置して、その中にケーブル類を通して床から取り出しやすくする配線方式が考案されました。床下に設置する、ケーブル類を通すための配線用ダクトを**フロアダクト**といいます。このダクトは、コンクリート床スラブを打つ段階から埋め込んでおく方法が主流です。

フロアダクトの配線と工法

高さ20〜30mm程度の金属製のダクトを、図のように床下に縦横に張り巡らせる。高さはそれほどでもないので、建物の階高を上げるような配慮は特に不要。コンクリート床スラブに埋め込む際も、比較的工程は簡単である

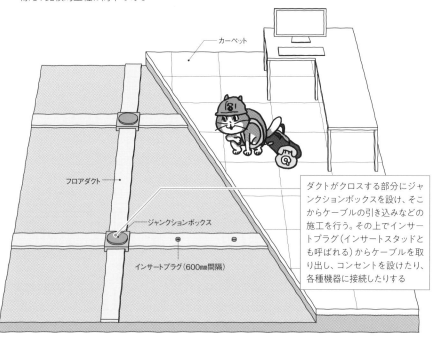

カーペット

フロアダクト

ジャンクションボックス

インサートプラグ(600mm間隔)

ダクトがクロスする部分にジャンクションボックスを設け、そこからケーブルの引き込みなどの施工を行う。その上でインサートプラグ(インサートスタッドとも呼ばれる)からケーブルを取り出し、コンセントを設けたり、各種機器に接続したりする

この方式はコンセントや電話に使用されることが多い。配線収容量が小さく、スラブが厚くなってしまうのがややデメリット！

ケーブル敷設のポイント

床スラブの型枠・鉄筋工事の段階でフロアダクトを埋め込んでおく。コンクリートを打ったのちに細い鉄線フロアダクトを通し、ケーブルを敷設する。なお、電源、電話のほかに有線LANケーブルもあわせて敷設する3列式(3WAY)が現在の主流

セルラダクト配線

コンクリート床スラブの型枠として、波型のデッキプレートを用いることがあります。その型枠を取り外さずに残し、下から平板でふさぐときに生まれる一方向の空間を配線用のダクトとして用いる方法を**セルラダクト配線**と呼んでいます。細分された空間を「セルラ」と呼ぶことから、この名がついていると言われています。

セルラダクトの配線と工法

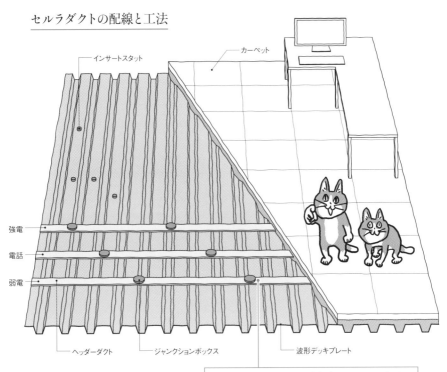

インサートスタット

カーペット

強電

電話

弱電

ヘッダーダクト　　ジャンクションボックス　　波形デッキプレート

ダクトがクロスする部分に適宜ジャンクションボックスを設け、縦横のダクトを接続する。またジャンクションボックスや任意の場所のインサートプラグ（インサートスタッド）から、必要な配線を床上に取り出せる

ケーブル敷設のポイント

デッキプレートの波の方向と直交する方向にケーブルを配線する。型枠を取り外す作業がない分施工プロセスが簡略化されるため、結果的に経済的な方法といえる

型枠を取り外す作業が必要ない分、施工プロセスが簡略化できる。コストも下げられて、施工性も高いところがヨシ！

アンダーカーペット配線

アンダーカーペット配線は、薄くて平たいケーブルを樹脂製のモールで保護して、床面とカーペットの間に敷き込む方式です。後からの施工も容易で、既存建物にも適用可能なことが最大のメリットです。

アンダーカーペット配線の工法

フロアダクトやセルラダクト配線は大掛かりになるので、それなりに工事費もかかる上、建物の設計・施工段階から詳細な検討が必要である。これに対してアンダーカーペット配線であれば、配線の増設や変更も容易。一方で、カーペットが若干盛り上がる仕上がりになるため、美観や施設利用者の躓きなどには一定の配慮が必要になる

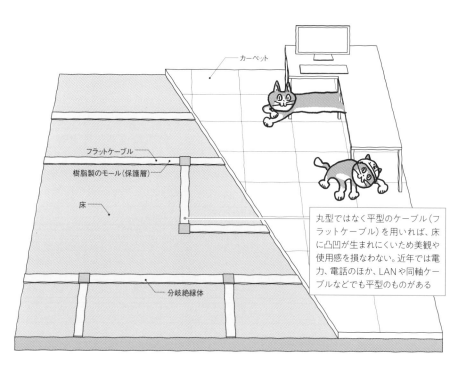

カーペット

フラットケーブル

樹脂製のモール（保護層）

床

分岐絶縁体

丸型ではなく平型のケーブル（フラットケーブル）を用いれば、床に凸凹が生まれにくいため美観や使用感を損なわない。近年では電力、電話のほか、LANや同軸ケーブルなどでも平型のものがある

ケーブル敷設のポイント

薄いケーブルをそのままカーペットの下に敷き込むと、その上を歩いたり家具を置いたりした時ケーブルが傷んでしまうため、保護層として樹脂製のモールをケーブルに被せる。このため、アンダーカーペット方式のことを**平形保護層配線方式**と呼ぶこともある。通常では、モールを含めた厚みは2mm程度

既存の建物にも気軽に取り入れられる点がヨシ！

フリーアクセスフロア配線

フリーアクセスフロア配線とは、床を持ち上げてその下に自由に配線する方式です。この場合に必要な床下空間の高さ（8〜15㎝）は、建築士試験でもよく問われる数値なのでしっかり覚えておきましょう。

フリーアクセスフロア配線の工法

フロアダクトやセルラダクト配線の場合、決められた場所からしかケーブルを引き出せない。したがって、デスクや本棚などのレイアウトも限定されてしまう。そこで、床下にケーブルを自由に引き回せるように考案されたのが、**フリーアクセスフロア配線方式**である。高さ8〜15㎝程度の4本脚の床板ユニットをコンクリート床スラブの上に並べることで、その下に生まれた空間を使って自由な配線を実現できる

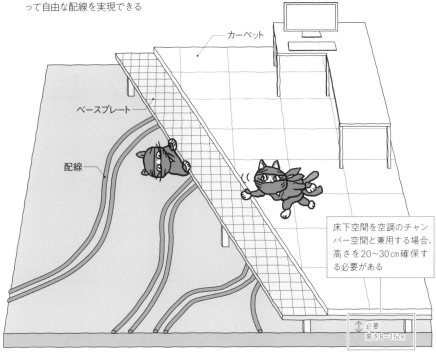

カーペット

ベースプレート

配線

床下空間を空調のチャンバー空間と兼用する場合、高さを20〜30㎝確保する必要がある

↕ 必要
高さ8〜15㎝

ケーブル敷設のポイント

タイルカーペットの一部を剥がすだけなので、ケーブル取り出し作業も非常に楽。オフィス機器やデスクレイアウトの制約もほぼなくなるため、別名**OAフロア配線**とも呼ばれる。床下空間は床吹き出し型エアコンのチャンバー空間と兼用することもあり、この場合は床下空間の高さを20〜30㎝確保する必要がある。その分オフィスの天井高が低くなってしまうため、階高が低めの既存ビルディングへの採用は難しい場合も多い

配線変更の自由度が高く、配線収容量が大きいところはヨシ！コストはちょっと高めの傾向アリ

コンセント

コンセントは、計画時に必要個数と用途を十分に確認して設置したいものです。消費電力の大きな家電製品（1000W以上）はすべて専用回路とする必要があります。

コンセントの種類

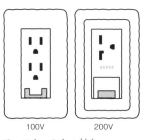

100V　　200V

**アースターミナル付き
接地コンセント**
100V用と200V用は誤使用を避けるため、差込口の形状が異なる

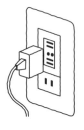

**マグネット式
コンセント**
引っかかるとすぐに抜けるので、高齢者や子どもがつまずいても安心

**フロア型
コンセント**
使用する際のみ、飛び出す仕組み

防水型コンセント
庭やバルコニーなど野外に設置することが多い

コンセント高さの目安

コンセントの高さは、床から25cm程度が目安である。使用機器が決まっているコンセントについては、機器の高さや操作しやすい場所・高さに合わせて設けると良い

コンセントには極性があり、左右の長さが微妙に異なる。100Vの場合、一般的に左の穴（接地側・−）の長さは9mm、右の穴（非接地側・＋）は7mm。供給された電気は右側に刺されたプラグを通じて電気製品を動かし、再びケーブルを下って左側に戻る

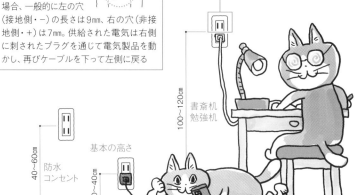

冷蔵庫
エアコン　190〜210cm

洗濯機　120〜150cm

書斎机
勉強机　100〜120cm

基本の高さ　20〜40cm

防水
コンセント　40〜60cm

スイッチ

照明のスイッチは必ず毎日使用するため、使いにくい配置は大きなストレスになります。
設置場所はもちろん、機能も十分検討して配置しましょう。

スイッチの種類

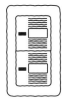

**パイロット・ホタル
ダブルスイッチ**
点灯を赤、消灯は緑のランプで知
らせるため、消し忘れ予防になる

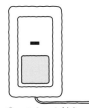

**プルスイッチ付き
押しボタンスイッチ**
体調が急変した時など、座った
ままでも家族に連絡しやすい

**にぎり押しボタン
スイッチ**
ベッドに寝たままで家族
に連絡できる

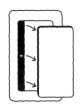

リモコン式スイッチ
スイッチからリモコンが取り
外しできるので離れた場所か
ら操作可能

ダイヤル式　　スライド式
調光スイッチ
明るさなどの微妙な調節も可能

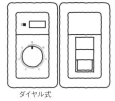

ダイヤル式
浴室換気スイッチ（タイマー式）
入浴後に湿気を排出。数時間後に電源が切
れる仕組み

センサースイッチ
玄関、廊下、階段などで人
の動きを感知すると照明が
点灯する

種類		用途	機能
手動スイッチ	片切スイッチ	各部屋	一般的なスイッチ
	3路・4路スイッチ	廊下・リビング	2箇所または3箇所で点滅操作が可能
	調光スイッチ	リビング・寝室・トイレ・浴室	白熱灯用の場合はランプの寿命が延びる。LED灯・蛍光灯の場合は調光適用の可否を確認する必用がある
	パイロットスイッチ	換気扇等設備用スイッチ	スイッチのオン・オフの状況がランプ（赤ランプ）で確認できる
	ホタルスイッチ	玄関・廊下	暗い中でもランプ点灯（緑ランプ）でスイッチの位置がわかる
センサースイッチ	熱線センサー付スイッチ	玄関・廊下・トイレ	人感センサーで人の動きを感知し、自動でオン・オフを行う（明るさセンサー機能も持つ）
	明るさセンサー付スイッチ	外灯	明るさセンサーで周囲の明るさを感知し、自動でオン・オフを行う
リモコンスイッチ	点滅・調光リモコン	リビング・ダイニング・寝室	座ったまま、寝たままで点滅・調光操作が可能
タイマー付き	遅れ消灯付き	玄関・寝室・トイレ	5分後に消灯。消し忘れを防止する。トイレ用は換気扇と連動させ、同時にオン。スイッチオフ時は換気扇のみ遅れて停止などの設定もできる

人工光源の種類と特徴

日常的に使用する照明器具の光源は、節電対策にも効果の高いLED照明（発光ダイオード）が主流になりつつあります。白熱灯や蛍光灯、高輝度放電(HID)ランプ ※ を含め、人工光源の特徴を押さえておきましょう。

主な光源の種類と特徴

	白熱電球	蛍光ランプ	LEDランプ
仕様の特徴	素材はガラス（白色塗装拡散形や透明形）。球自体に反射膜が装着されたレフ球、小型化して寿命や効率をアップしたハロゲン電球などもある	安定器、点灯管が必要なスターター形、即時点灯するラビッドスタート形、インバータ回路で始動するインバータ式などがある	LEDチップが発光する光源。LEDチップは、P型半導体とN型半導体で構成される。照度や色温度など、調光や調色のコントロールも容易
光の特徴	演色性に優れ、暖かみのある白色光で、自然光の見え方に近い。周囲温度への影響やちらつきも少なく、光束の低下が少ないのも魅力。安定器も不要で、小型・軽量・安価である。半面、低効率・短寿命で消費電力が多いため、白熱灯の利用は縮小傾向にあり、一部の大手メーカーでは2012年に製造が中止された	色温度によって、青白い昼光色や昼白色、電球色（やや赤みを帯びた光色）など光源色の種類が豊富。広い範囲を均一に明るく照らすことができ、高効率、長寿命。従来欠点とされていたちらつきや点灯まで時間がかかるなどの問題も、インバータ制御によって解消されている	近年では、演色性もだいぶ向上しているが、廉価な製品では白熱電球にかなり色味の自然さなどが劣るものもあるので注意が必要。白熱電球や蛍光ランプに比べてイニシャルコストが高価だが、長寿命で取り換えの手間やランニングコストも大幅に軽減できる。白熱電球と比べて消費電力は約1/12と圧倒的に少なく、節電対策にも効果的
電気代	高い	安い	安い
ランプ寿命	短い	長い	とても長い
点灯時間	住宅や店舗などオールマイティに使える。スイッチを入れるとすぐに点灯するので、玄関や階段などオン・オフの多い場所の使用にも向く	住宅や店舗のほか、オフィスや工場などの照明にも向く。スイッチを入れてから点灯するまでにやや時間がかかるため、頻繁な切り替えが必要な場所には不向き	店舗や住宅のほか、大型施設や工場、野外の看板照明などにも対応可能。長時間連続点灯させておきたい場所や、ランプの頻繁な交換が難しい場所にも適している

※ 高輝度放電(HID)ランプには、水銀ランプやメタルハライドランプブランプ、高圧ナトリウムランプがある。高天井の空間や屋外など大空間の照明に用いられ、コストはやや高め。点灯後の光束の安定に時間を要する

色温度の数値と光のイメージ

黒体(すべての光を吸い込み一切反射しない物体)を想定した場合、その物体は温度が上がるごとに赤から黄赤、白、青色へと変化していく。この温度と色の変化を利用し、数値で表したのが**色温度**で、単位は**ケルビン(K)**。光源の色(光色)はこの色温度(K)で表され、これ以上温度が下がらない絶対零度(約-273℃)を0ケルビン(K)として、温度が上がるほどに数値が上がる。例えば、「色温度で5,000K」=「黒体が5,000Kになったときの光の色」を示す

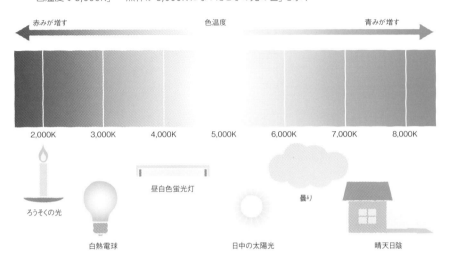

赤みが増す　　　　　　　　　　　色温度　　　　　　　　　　　青みが増す

| 2,000K | 3,000K | 4,000K | 5,000K | 6,000K | 7,000K | 8,000K |

ろうそくの光

白熱電球

昼白色蛍光灯

日中の太陽光

曇り

晴天日陰

人工光と演色性

太陽光(自然光)で物を見たときと、人工光源で物を見たときでは、異なる色に見えることが多い。**演色性**とは、太陽光(自然光)に近い光をどの程度再現できているか、を表す指標数値である。人工光源は演色性の試験が行われ、15色の試験色に光を当てた時の見え方(特殊演色評価数R1～R15)を測定して、数値に表す。自然光で試験色を見たときの色を100とし、試験を行う人工光源で照らした際の見え方のずれを数値化して評価する。この数値が100に近いほど、**演色性**が高い(=自然光に近い)光だということになる

太陽光(自然光)　　　　　　人工光源

数値100

この色を数値化

食品も花もきれいに見える　　　太陽光に比べるとイマイチ……

光束・光度・照度などの単位

私たちの周りにある、光を発するものを「光源」と呼びます。もっとも身近な自然光源は太陽です。また、電球やLED照明などの人工的な光源もあり、さまざまな単位で表されています。建築空間では用途ごとに適切な照度の基準値(lx)が決められています。

光の単位

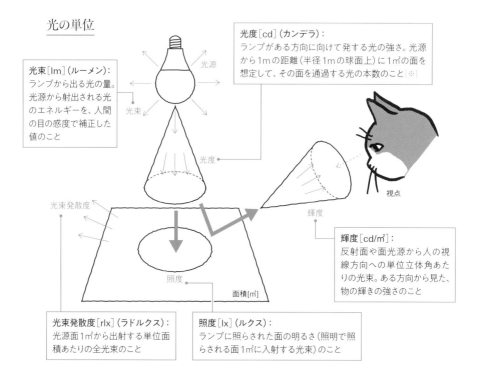

光度 [cd] (カンデラ):
ランプがある方向に向けて発する光の強さ。光源から1mの距離(半径1mの球面上)に1㎡の面を想定して、その面を通過する光の本数のこと[※]

光束 [lm] (ルーメン):
ランプから出る光の量。光源から射出される光のエネルギーを、人間の目の感度で補正した値のこと

光源

光束

光度

光束発散度

照度

面積[㎡]

視点

輝度

輝度 [cd/㎡]:
反射面や面光源から人の視線方向への単位立体角あたりの光束。ある方向から見た、物の輝きの強さのこと

光束発散度 [rlx] (ラドルクス):
光源面1㎡から出射する単位面積あたりの全光束のこと

照度 [lx] (ルクス):
ランプに照らされた面の明るさ(照明で照らされる面1㎡に入射する光束)のこと

光の単位の相互関係

光束を立体角で割って光度、光度を距離の2乗で割ると直下の照度、照度に反射率を乗じて光束発散度となる。さらに、均等拡散面の光束発散度を π で割ると輝度が求められる

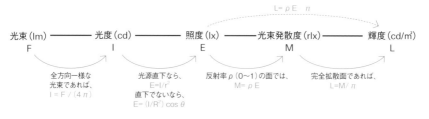

$$L = \rho E \quad \pi$$

光束 (lm)	光度 (cd)	照度 (lx)	光束発散度 (rlx)	輝度 (cd/㎡)
F	I	E	M	L

全方向一様な光束であれば、
$I = F / (4\pi)$

光源直下なら、
$E = I/r^2$
直下でないなら、
$E = (I/R^2) \cos\theta$

反射率 ρ (0〜1) の面では、
$M = \rho E$

完全拡散面であれば、
$L = M / \pi$

※ なお、1m離れたところの1㎡の面を見張る角が「単位立体角[sr](ステラジアン)」。半径1mの球の表面積が12.56㎡なので、均等に拡散する点光源であれば、その全光束の約12分の1が光度と計算できる

照度の基準（JIS・日本産業規格）

場所や機能にふさわしい照度基準がJISによって定められている。ここでは住宅の照度基準を抜粋して紹介する

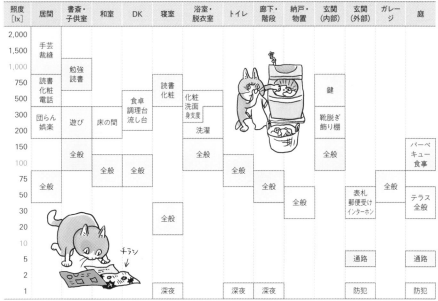

照度[lx]	居間	書斎・子供室	和室	DK	寝室	浴室・脱衣室	トイレ	廊下・階段	納戸・物置	玄関（内部）	玄関（外部）	ガレージ	庭
2,000	手芸 裁縫												
1,500	手芸 裁縫												
1,000		勉強 読書											
750	読書 化粧 電話	勉強 読書			読書 化粧					鍵			
500	読書 化粧 電話			食卓 調理台 流し台	読書 化粧	化粧 洗面 身支度				鍵			
300	団らん 娯楽	遊び	床の間	食卓 調理台 流し台		化粧 洗面 身支度				靴脱ぎ 飾り棚			
200	団らん 娯楽	遊び	床の間			洗濯				靴脱ぎ 飾り棚			
150		全般				全般				全般			バーベ キュー 食事
100	全般	全般	全般	全般		全般				全般			バーベ キュー 食事
75	全般		全般	全般			全般				全般		
50	全般						全般	全般	全般		全般		テラス 全般
30					全般			全般	全般		表札 郵便受け インターホン		テラス 全般
20					全般								
10													
5											通路		通路
2													
1					深夜	深夜	深夜	深夜			防犯		防犯

出典：JIS Z 9110-1979より抜粋

主な住宅の照明器具

設置場所や用途に応じて、さまざまなタイプの照明器具がある。また、天井のみならず壁や床にも照明を適宜設置して組み合わせることで、より快適な環境を実現できる

- 間接照明（コープ照明）
- ブラケット
- 天井埋め込み型
- シーリングライト
- ダウンライト
- ペンダント
- フロアスタンド

住宅のLANシステム

スマートフォンやタブレット端末の普及により、家庭でのLAN (Local Area Network) 環境の構築(宅内LAN)は今や必須と言えます。無線LAN (Wi-Fi)を利用して端末をインターネットに接続し、オンデマンド放送やゲームなどを楽しむことも一般的になっています。

宅内LANの仕組み

基本的には、光ケーブルを引き込んで建物内に設置した弱電盤内のモデムやルーター、ハブを通して各室にLANケーブルを配線する。有線LAN、無線LAN (Wi-Fi)、PLC方式の3種が一般的で、それぞれ特徴がある

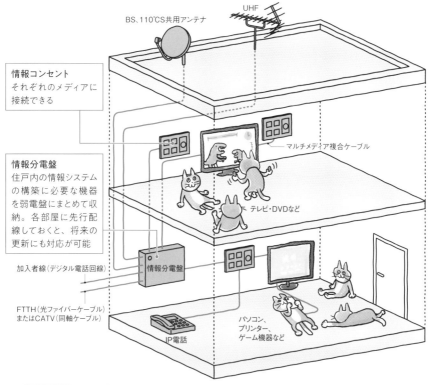

UHF

BS、110℃CS共用アンテナ

情報コンセント
それぞれのメディアに
接続できる

マルチメディア複合ケーブル

情報分電盤
住戸内の情報システム
の構築に必要な機器
を弱電盤にまとめて収
納。各部屋に先行配
線しておくと、将来の
更新にも対応が可能

テレビ・DVDなど

加入者線(デジタル電話回線)

情報分電盤

FTTH(光ファイバーケーブル)
またはCATV(同軸ケーブル)

パソコン、
プリンター、
ゲーム機器など

IP電話

種別	特徴と注意点
有線LAN	有線ケーブルを利用したLANシステム。通信状態も安定し、周囲の電波の影響を受けにくい。接続する機器を自由に移動できないのがデメリット
無線LAN	電波の届く範囲内で、ケーブルを介さずに高速通信ができるシステム。接続時に暗証番号を設けるなどセキュリティには注意が必要
PLC(電力線通信)	特別な工事無しに、コンセントから電気配線(電力線)に情報信号を乗せて送る通信技術。イーサネット接続時の暗証番号を設けるなどセキュリティには注意が必要

宅内LANのつなぎ方の例

PLC、無線LAN、有線LANを交えた場合のつなぎ方を下図で解説する

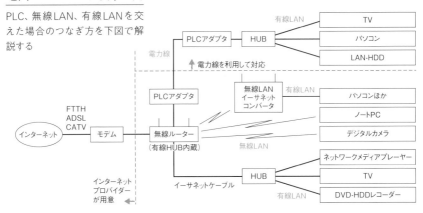

弱電盤の仕組み

弱電盤（情報分電盤）とは、モデムやルーター、テレビを視聴するためのブースターなどをひとつにまとめたユニット盤のこと。あらかじめユニットに機器が構成されている弱電盤を使用すると、配線や施工上のミスも少なく、見た目もすっきりと納まる

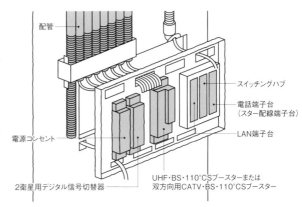

マルチメディアコンセント

昨今では、パソコンやタブレット端末で個別に映像やゲームなどを楽しむことが多くなっている。各部屋に、通信に必要な機能をまとめたマルチメディアコンセントを設置しておけば、必要に応じてパソコンやテレビをつなぐだけで利用可能になる

テレビ用コンセント（CSデジタル）
CSデジタル放送の受信用コンセント

電源コンセント
内線規程が変更され、現在はすべてのコンセントがアース付き推奨

テレビ用コンセント（UHF・VHF・CATV・BS・110°CS）
テレビ用のコンセントとして仕様。CATV用のコンセントは双方向用とする

LAN用コンセント
弱電盤のハブと接続し、各部屋のPCとネットワーク構築が可能。
※ISDN回線は使用できないので注意

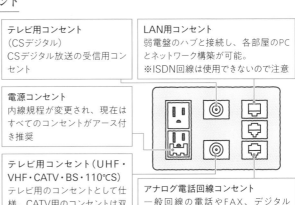

アナログ電話回線コンセント
一般回線の電話やFAX、デジタルチューナーなどを接続可能

スマートスピーカーの用途と可能性

音声による手軽な情報アクセスツールである、スマートスピーカー。Amazon echoやGoogle Homeなど、問いかけやリクエストに瞬時に応えてくれる機器の導入が進んでいます。音声で情報を引き出すだけでなく、家電製品の制御にも利用されつつあります。2022年現在は、キラーコンテンツの登場待ちの段階といえるかもしれません。デバイス自体も数千円からと安価で、無線LANさえあればすぐ使える手軽さが魅力。画面の大きさや音質重視のものなど、多様な製品展開がなされています。

スマートスピーカーの仕組み

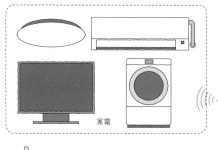

家電

無線LANを通じてスマートフォンやスマートスピーカーと接続された家電コントローラーが、赤外線リモコンの役割を果たして、様々な家電を操作できる

インターネット回線と無線LAN

スマートスピーカー

スマートスピーカーには、まだまだ可能性がある。

例えば、エアコンの制御については、これまでは付属の専用赤外線リモコンでしか制御できなかった。ところが、最近では多くのエアコンメーカーの赤外線リモコンと同じ信号を発することのできるマルチリモコンが発売され、さらにこれをスマートスピーカーで制御できるように。エアコンの他にもテレビ、調理器具、浴槽、インターホンなど、さまざまな家電製品との連携が進んでいる

家電コントローラー

スマートフォン

こりゃ便利だ

LANケーブルの通信規格

宅内LANを構築するLANケーブルには通信規格があり、CATというカテゴリで分けられている。数値が上がるほど回線速度も速くなるが、回線の最大通信速度に合わせたLANケーブルを選ぶことが重要。2022年現在では、家庭用としては上位規格になるCAT6AかCAT7を用いるのが一般的である

通信規格	最大通信速度	特徴
CAT5	100Mbps	最低限のネット接続で十分な人向け。低速規格だが安価
CAT5e	1Gbps	一般的な規格
CAT6	1Gbps	5eと比較して2倍以上の周波数なので、快適に利用できる
CAT6A	10Gbps	動画視聴などにも対応可能。住宅で多く用いられる規格
CAT7	10Gbps	オンラインゲームや業務利用にも対応可能
CAT8	40Gbps	主に業務用。高速で安定したネットワーク構築が可能

家電のIoT化

IoT (Internet of Things) とは、「あらゆるモノをインターネットに接続する」ための技術。多様な家電やデバイスをネットワークにつないで快適な生活を支える高度なサービスが日々進化を遂げ続けており、経済産業省も「LIFE UP プロモーション」と銘打ち、関連企業群を巻き込みながら導入を進めています。特にホームセキュリティ関連商品の充実は著しく、スマートフォンとの連動はもちろん、AIによるモーション通知や長時間バッテリー駆動など、利便性もますます向上。ここでは一部の機能を紹介します。

ペットの温熱環境

スマートリモコンや環境センサーの設置により、住人が外出していても部屋の温度を感知し、設定した温度に自動調整

防犯対策

玄関に開閉センサーを設置。不審者の侵入などの異常をスマートフォンに通知する。スマートカメラで様子の確認も可能

高齢の親の見守り

トイレに開閉センサーを設置。もし1日使用の形跡がない場合、スマートフォンに通知する。スマートカメラで様子の確認も可能

子どもの帰宅を確認

玄関に開閉センサーを設置し、子どもの帰宅を確認。環境センサーの設置で、室内の温熱環境などの確認も可能

単相と三相の違い

電気を送る際の方法には、**単相と三相の2種類**があります。単相は主に一般家庭で利用される電気交流で、「家電製品など比較的小さな電気製品に電気を送る際に利用する方法」です。三相は単相と比べて少ない電流で同じ電力を得られるため、「産業用の電気機器など大型の電気製品に電気を送る際に利用する方法」として用いられます。建物に引き込んだ電気の配電方式には、**単相3線式200V／100V、三相3線式200V（動力）**があります。

単相で送れる
エネルギー量と波形

配線が少なく電圧も低い安全な単相交流

波形も
シンプル！

単相

電圧

1サイクル

0

時間

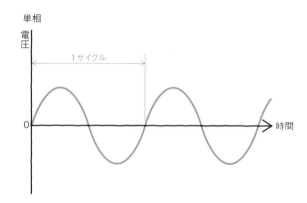

三相で送れる
エネルギー量と波形

三相交流は単相交流を等間隔に3つ重ねたもの。単相が通電しない間も他の二相で送電できるため、単相に比べて送電量が3倍になる

効率アップ！

三相

電圧

1サイクル

0

時間

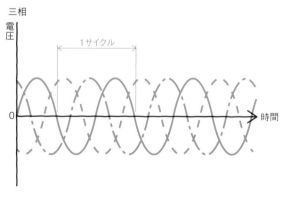

住宅における配電（単相3線式）

一般の住宅では単相3線式が主流。100Vは照明やコンセント、200Vは主にエアコンや食洗機などに使用される。単相交流のために利用する電線の数は2本で、交互に電気が行き来する。1本は電気を受けるもの、そしてもう一方が電気を送るために利用するものである。コンセントの穴は2つである

単相

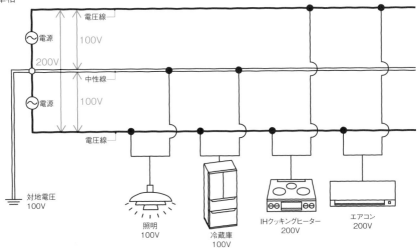

工場などにおける配電（三相3線式）

大型空調機や昇降機など、使用電力の多い動力機器を用いる工場などの施設では三相3線式が主流。コンセントの穴は3つ。そのため、計画段階から動力機器の要・不要は必ず確認しておく必要がある

三相

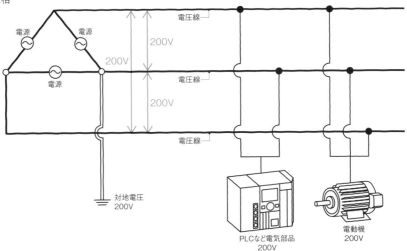

非常用電源

非常用電源とは、常用の商用電源が地震や雷などの災害や火事など、何らかの原因で停電したときに、消防用設備[※1]などを正常に作動させるために設置する電源です。スプリンクラー[123頁]や排煙設備など電気が必要な設備が多いので、この設備設置はとても重要です。大別すると下記の4種があります。非常用電源で確保すべき電源の目安は「72時間」とされています。これは「人命救助のための時間」であり、初動のBCP対策[※2]において維持する基準になります。

4種の非常電源

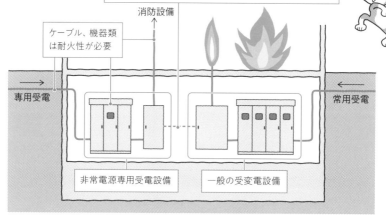

インターロック
一般の受変電設備の遮断器(CB)の切断と連動して、非常電源専用受電設備の遮断器に自動で切り替えるための仕組み

消防設備

ケーブル、機器類は耐火性が必要

専用受電

常用受電

非常電源専用受電設備

一般の受変電設備

①非常電源専用受電設備　電力会社から受電する電源を非常電源とみなして運用する方式。受電設備を基準に適合させると、消防設備の非常電源として使用できる。コストは安いが、万が一停電中に火災が起こった場合は電源供給できないなどリスクも大きい

②自家発電設備
ガスなどの動力でエンジンを作動させ、発電機で発電する

③蓄電池設備
鉛蓄電池、アルカリ蓄電池など
[107頁参照]

④燃料電池設備
ガス、水素など

※1 消防法等では非常用発電設備に接続される消防用設備に対して、火災時に法令で当該消防用設備に必要な運転時間以上電力を供給できるものであること、燃料油は2時間以上の容量を持つこと、40秒以内に電圧確立することなどが定められている。建築基準法に於いても、予備電源として非常用照明や排煙機器へ定時間電源供給ができることが定められている
※2 Business Continuity Plan（事業継続計画）

蓄電池

蓄電池には主に以下の4つの種類が存在します。この4種類の蓄電池では使用可能サイクルや用途の違いがあります。

4種の蓄電池

電池の種類	用途	使用サイクル	使用期間	特徴
鉛蓄電池	自動車のバッテリーや非常用バックアップ電源	3,150回	17年	開発から150年以上経ってもなお主力。蓄電池の中で最も寿命も長い。使用後は早急に充電しないと劣化が早まる
ニッケル水素電池（アルカリ電池）	乾電池タイプの蓄電池・ハイブリッドカーのバッテリー	2,000回	5～7年	蓄電池の中でもっとも寿命が短い。高温環境下での使用や大電流充電によって劣化が早まる
リチウムイオン電池	ノートパソコンや携帯電話などのモバイル機器の蓄電池	4,000回	10年	日常生活と密接に関わっている蓄電池。保存状態や蓄電池の温度によって劣化が早まるので注意
NAS電池	工場などの大規模施設のバックアップ電源	4,500回	15年	鉛電池とほぼ同程度の長期寿命で、従来の蓄電池の約3分の1サイズとコンパクト。硫黄などの危険物指定のうえ、作動温度3も高温など安全性について議論が続いている

蓄電池の仕組み

鉛蓄電池

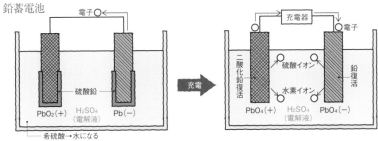

・放電すると電解液の希硫酸が水となって電解液の比重が低下する
・長く使うと陽極と陰極に硫酸鉛が付着して電子が流れにくくなる

・逆向きの電流を流して陽極の電子を陰極に移動する
・希硫酸に硫酸イオンと水素イオンが溶け出し最初の状態に戻る

ニッケル水素電池（アルカリ電池）

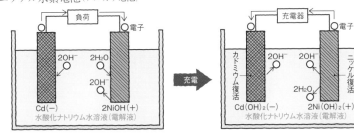

・陰極には水酸化カドミウムが、陽極には水酸化ニッケルが生成する
・放電により水が消費されるので、電解液の濃度は濃くなる

・陰極にはカドミウム、陽極にはオキシ水酸化ニッケルが生成する
・充電により水が生成するので、電解液の濃度は薄くなる

施設の照度基準

屋内外の施設における人工照明の設置基準として、JIS（日本産業規格）で推奨照度が規定されています。特に、作業上一定の明るさ以上を求めるオフィスの作業空間や学校の教室などでは、この基準を目安にして照明器具の配置や台数を決めています。照度計で簡単に計測できるため、あらゆるスペースの明るさの確認基準に照度が用いられています。

照度基準

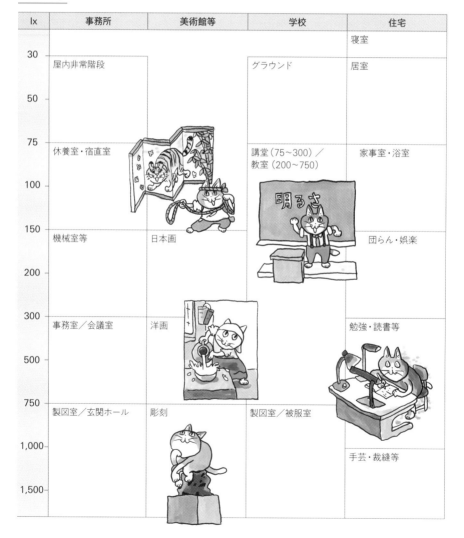

lx	事務所	美術館等	学校	住宅
				寝室
30	屋内非常階段		グラウンド	居室
50				
75	休養室・宿直室		講堂（75〜300）／教室（200〜750）	家事室・浴室
100				
150	機械室等	日本画		団らん・娯楽
200				
300	事務室／会議室	洋画		勉強・読書等
500				
750	製図室／玄関ホール	彫刻	製図室／被服室	
1,000				手芸・裁縫等
1,500				

エスカレーターのつくりと安全対策

エスカレーターは連続輸送が可能で、エレベーターの十数倍の輸送能力を有し、かつ乗客が移動しながら周囲の状況を視認できるため、百貨店やスーパーなどの大型店舗ビルなどに採用されることが多い設備です。ここではエスカレーターの安全対策について解説します。

エスカレーターのつくり

エスカレーターには、手すりの上甲の外側から水平距離50cm以内で天井灯と交差する部分には保護板を設けなければならない。また、エスカレーターの落下防止対策として、片方は固定支持、もう片方は非固定支持とすることも決められている。概ね月に1回以上の定期点検と、年1回の定期検査が義務付けられており、この定期検査は1級または2級建築士、もしくは国土交通大臣の認定する昇降機検査資格者会が行わなくてはならない

三角部保護板
落下物防止網
仕切板

エスカレーターの設置基準

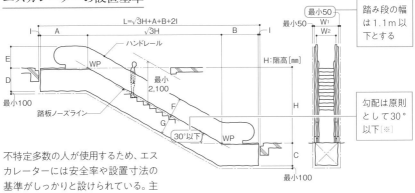

$$L=\sqrt{3H+A+B+2I}$$

A　√3H　B　I

ハンドレール
WP
最小2,100
踏板ノーズライン
30°以下
F
G
WP
最小100

H：階高[mm]
H
C
最小100

踏み段の幅は1.1m以下とする
最小50　最小50
W₁
W₂

勾配は原則として30°以下[※]

不特定多数の人が使用するため、エスカレーターには安全率や設置寸法の基準がしっかりと設けられている。主な種類は110頁参照

	S600形　　　S1000形		S600形　　　　S1000形
A	1,700〜1,980	F	690〜910
B	2,300〜2,410	G	850〜1,200
C	1,000〜1,200	I	40〜70
D	1,000〜1,100	W_1	1,144〜1,210　　1,538〜1,616
E	800〜1,050	W_2	804〜920　　　1,208〜1,326

（単位：mm）　各部分寸法の値はメーカーにより異なる

※ 踏段の定格速度が 30m/min 以下、揚程6m以下、かつ階段の奥行きが35cm以上の場合には、緩和規定により勾配を35°までにできる

エスカレーターの配列と輸送人数

エスカレーターの配置は、百貨店やショッピングモールなど商業建築空間のデザインを決定づける重要な要素のひとつです。**交差配置や重ね配置**などいくつかの方法を組み合わせることで、よりダイナミックな建築空間を演出できます。ここでは主にエスカレーターの配置と輸送人数について解説します。

エスカレーターの部材名称

エスカレーターは、利用者を効率的に輸送するとともに、快適性や耐久性にも配慮されて設計されている［109頁参照］。エスカレーターの駆動方式は、上部に設けた駆動装置から踏段（ステップ）チェーンに動力を伝達するタイプが一般的。しかし、総延長の長いエスカレーターのなかには、傾斜部分に複数の駆動ユニットを設けた中間駆動方式を採用するケースもある

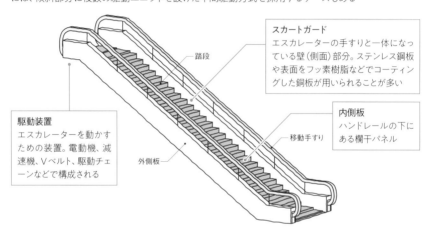

スカートガード
エスカレーターの手すりと一体になっている壁（側面）部分。ステンレス鋼板や表面をフッ素樹脂などでコーティングした鋼板が用いられることが多い

踏段

内側板
ハンドレールの下にある欄干パネル

駆動装置
エスカレーターを動かすための装置。電動機、減速機、Vベルト、駆動チェーンなどで構成される

移動手すり

外側板

エスカレーターの主な種類

エスカレーターの種類は、主に輸送量別に（広幅2人用）の2種類。いずれも1分間に50m以下の速度とする規定がある。また、勾配30°で速度30m／分に設定されることが多い

S1000形
2人乗り。ステップの幅は約1,000mm、手すりの中心間距離は約1,200mm

S600形
1人乗り。ステップの幅は約600mm、手すりの中心間距離は約800mm

エスカレーターの配列方式

エスカレーターの主な配列方式を解説する

単列乗り継ぎ型

百貨店や大規模ビルなどで多用されてきた方式。歩かず連続的に乗継ぎ可能で、据付け面積も控えめなので経済的

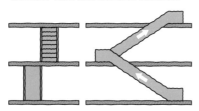

複列交差型

乗客の流れが連続的になり、見通しもよく、見た目も華やか。床面積を多く取るのがデメリット

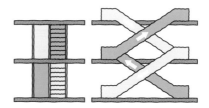

単列重ね型

乗継ぎごとに使用者が空間を移動するため、百貨店など店内を歩き回らせたい建物で有用。エスカレーターが重なり合うので照明配置などの配慮が必要

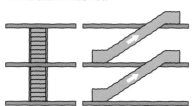

平行乗り継ぎ型

昇降の交通を明確に分けられるので、乗り場が混雑しにくい。隣接するエスカレーターが重なるため見通しが悪いのがデメリット

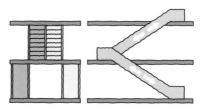

エスカレーターの輸送能力

エスカレーターの公称輸送能力（P）は、下の式によって求められる。実際にはピーク時でも公称輸送能力の70～80％程度の乗者率である。このため、公称輸送能力の75％を実際の輸送能力として設置台数を決定する[※]

 計算式

$$P = \frac{r \times v \times 60}{B} \times n \,[人/h]$$

- r ：1ステップあたりの乗客数
- V ：速度（m/min）
- n ：エスカレーターの設置台数
- B ：踏み段の奥行き（≒0.4）

エスカレーターの公称輸送能力

速度呼称	20m/分	30m/分	40m/分	45m/分	50m/分
S600形	3,000	4,500	6,000	6,750	7,500
S1000形	6,000	9,000	12,000	13,500	15,000

エスカレーターの勾配と定格速度

勾配	定格速度
8°以下	50m/分以下
8°超～30°以下	45m/分以下
30°超～35°以下	30m/分以下

※ 百貨店などにエレベーターとエスカレーターを併せて設置する場合には、エスカレーターにおける集客の輸送分担割合を、全体の輸送人数の80～90％に設定する

エレベーターの規格と運行方式

巻上機によってかごを昇降させる**ロープ式**が国内では大多数を占めますが、油圧ジャックでかごを押し上げる**油圧式**や**リニアモーター式**も増えています。近年では機器のサイズを小さくして実質的に機械室なしで運行できる**マシンルームレスタイプ**も出現。住宅用の**ホームエレベーター**も一般化しつつあります。ここではロープ式と油圧式の仕組みとエレベーター配列について解説します。

ロープ式エレベーター

かごと釣合おもりの重量をバランスさせ、上部の巻上機で起動させる「トラクション式（つるべ式）」と、巻胴式巻上機でロープをドラムに巻きつけてかごを昇降させる「巻胴式」の2種類がある。後者は積載荷重が大きかったり、昇降距離が長かったりするエレベーターには適さない。いずれのモーターも、滑らかな速度制御と着床精度に優れるVVVF（可変電圧可変周波数）方式が用いられる

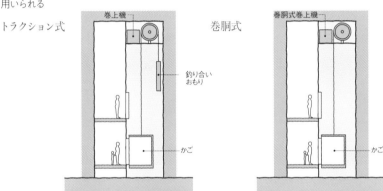

トラクション式

巻上機
釣り合いおもり
かご

巻胴式

巻胴式巻上機
かご

油圧式エレベーター

主に低層用エレベーターに採用する方式。油圧シリンダー内のプランジャー（上下する部分）にかごを直結させる「直接式」と、プランジャーの動きを間接的にかごに伝えて昇降させる「間接式」がある

直接式

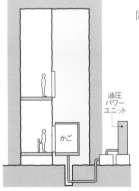

油圧パワーユニット
かご

間接式

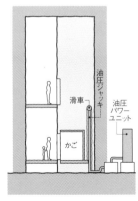

油圧ジャッキ
滑車
油圧パワーユニット
かご

エレベーターの必要台数と配置

オフィスなどのエレベーターの必要台数は、最大利用ピーク時における5分間の利用人数によって決められる。一般に利用のピークは朝の出勤時で、1社専用（自社ビル）では在籍人数の20～25%程度とされ、これに基づけば、2階以上の執務室の総面積2,500～3,000㎡に1台程度と概算できる。配置については、一般には主出入口の付近に集中配置することになる。4台程度までは直線配置で問題ないが、それ以上になると対面配置を選択することもある。1つのエレベーターかごが停止できるフロア数は15フロア以下とすることが原則。複数台数のエレベーターが設置される場合、10階建ての建物では全て各フロアに停止するが（1グループ・同一運行系列）、たとえば20階建ての建物では、低層階用と高層階用にエレベーターを分けることになる（コンベンショナルゾーニング方式）

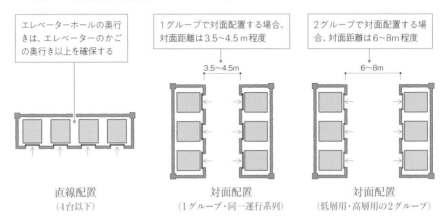

エレベーターホールの奥行きは、エレベーターのかごの奥行き以上を確保する

1グループで対面配置する場合、対面距離は3.5～4.5m程度

2グループで対面配置する場合、対面距離は6～8m程度

3.5～4.5m

6～8m

直線配置
（4台以下）

対面配置
（1グループ・同一運行系列）

対面配置
（低層用・高層用の2グループ）

エレベーターの運行方式

15階以上の高層ビルなどでは、主に3種類の運行方式がある

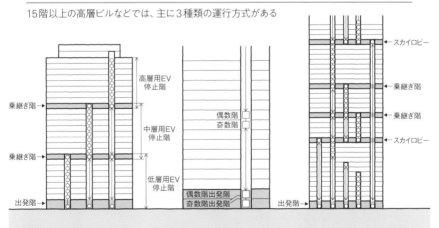

高層用EV
停止階

乗継ぎ階

中層用EV
停止階

乗継ぎ階

低層用EV
停止階

出発階

偶数階
奇数階

偶数階出発階
奇数階出発階

スカイロビー

乗継ぎ階

乗継ぎ階

スカイロビー

出発階

**コンベンショナル
ゾーニング方式**

建物を何層かごとに複数のゾーンに分割し、それぞれのゾーンごとにエレベーター群（バンク）を割り当てる方式。縦動線が分割されないよう、異なるゾーンに乗り継ぎ階を設ける

ダブルデッキゾーニング方式

エレベーターかごを2階建てとし、同時に奇数階と偶数階に利用者を運ぶ方式。昇降スペースはそのままに、輸送能力を増やせる

スカイロビー方式

全ての階層を2～4グループに分割し、それぞれの接点に一定の階（スカイロビー）を設ける方式。シャトル（急行）エレベーターに乗って地上からスカイロビーに移動し、そこで乗り換えて目的の階に移動する

身の回りの電磁波と安全性

電磁波とは「電界と磁界の小刻みの変動が、真空を含む空間を光速で進む波動のエネルギー」です。私たちは紫外線、赤外線などの電磁波や、携帯電話や電子レンジなどの比較的強力な電磁波など、不可視の電磁波に日常的に囲まれています。

波長と周波数別の電磁波

波長	0.1μm	0.1mm	0.1m
周波数	3PHz	3THz	3GHz

γ線 X線　　紫外線　　近赤外線　　遠赤外線　　サブミリ波　　EHF　　SHF　　UHF　　VHF
放射線　　　0.38〜0.78μm
　　　　　[紫 - 藍 - 青 - 緑 - 黄 - 橙 - 赤]

可視光線

【身の回りの電磁波利用の例】

光の窓　　　赤外の窓　　　　　　　　　　　　電波の窓

電子レンジ（2.45GHz）

太陽光　　地物放射

← 直進性大・通信情報量大

<医療>　　　　　　　　　　<冷暖房>

レントゲン・放射線治療（X線・γ線）

放射冷暖房（遠赤外線）

地デジ　　（UHF）/ラジオ放送（VHF〜HF）
無線　　　LAN（2.4GHz/5GHz）
携帯電話（SHF〜UHF）
衛星放送（約10GHz）

【主な生体影響の例】

← 電離放射線｜非電離放射線 →　　　　　　　　高周波 電磁界

電離作用のある領域　　　　　　　　　　　　　熱作用のある領域

白内障・深部発熱・頭痛・心的障害

被ばくによる急性・慢性障害 遺伝的 障害	眼精疲労 近視・眼球の各種炎症 頭痛	火傷・皮膚の各種炎症 熱中症

帯域ごとにみた電磁波利用

下の表は、電磁波を波長および周波数で整理したものである。図の左側の短い波長の側から、**放射線、紫外線、可視光線、赤外線と続き、サブミリ波から右側は総じて電波と呼ばれる。**電磁波はその波長により、直進や回折のしやすさや、物体や大気に対する透過や反射の特性が大きく異なる。このため電磁波を利用する工業製品には利用シーンにふさわしい波長帯域が厳密に選択される。家庭用電源はSLFの帯域、IH調理器はLFの帯域の電磁波の発生に、また電子レンジは2.45GHzの電磁波の発生に主に関係する。テレビ・ラジオ放送や無線LAN、携帯電話などに使われる電磁波はVHF〜SHFの帯域だが、超高速・大容量の通信ほどより短波長の帯域が選択される傾向にある。放射線については、被曝の危険を鑑みて医療機器の利用などに限られ、環境への放出は厳重に管理されている

0.1km 3MHz			100km 3kHz			100000km 3Hz		∞ 0Hz
HF	MF	LF	VLF	ULF	SLF	ELF		

（磁石／地磁気）

音波の可聴領域 (20〜20kHz)

＜調理・家電＞
IH調理器 (20〜90kHz)　　家電製品の電源（東日本50Hz/西日本60Hz）　　直流バッテリー

回折性大・遠達性・雑音大　→
＜放送・通信＞

＜医療＞
MRI

中間周波電磁界	超低周波電磁界	静電磁界

刺激作用のある領域

電磁波過敏症

まだまだ
続くよ

第 4 章

消防・防災・防犯設備

火災や雷害から建物とその中で暮らす人々を保護するための設備を消防・防災設備と呼び、生命と安全を守るために不可欠な仕組みです。また、近年注目されている情報漏洩対策等も含む防犯設備も合わせてこの章で解説します。

火災の種類と消火方法

火災は、燃えているものによって分類されます。それぞれ火災の種類によって適用できる消火剤の種類が異なります。ここでは金属火災とガス火災も参考のため紹介します。

A火災

A火災とは「普通可燃物の火災」のこと。普通火災、一般火災とも呼ばれる。普通可燃物とは「木材、紙類、繊維などの一般的な可燃物」を指す。使用可能な消火剤は、水、強化液、泡、リン酸塩類粉末系

B火災

B火災とは「油による火災」のこと。油火災とも呼ばれ、具体的にはガソリンなどの引火性液体起因の火災を指す。使用可能な消火剤は霧状の強化液、泡、ガス、粉末系。水消火器は、燃えた油が水面に浮き火災を拡散させるため使用不可

C火災

C火災とは「電気設備の火災」のこと。電気火災とも呼ばれる。具体的には電線や変圧器、モーターなど起因の火災を指す。使用可能な消火剤は霧状の水、霧状の強化液、ガス、粉末系。棒状の水、棒状の強化液、泡は感電の危険があるため消火剤として適さない

D火災

D火災とは「金属起因の火災」のこと。金属火災とも呼ばれる。具体的には、鉄、アルミニウム、亜鉛、マグネシウム、カリウム、ナトリウム、リチウム、カルシウムなどが原因の火災を指し、乾燥砂などによる窒息消火を行う。水と反応する金属が多く、注水すると水素を発生し爆発する危険性がある

消火と燃焼の4要素

消火・燃焼ともに、大きく分けて4つの要素がある（下図参照）。消火するためには、燃焼の3つの要素**可燃物**、**酸素供給体**、**点火源**の全てまたは一部を取り除いて燃焼を中止させる必要がある。そのために、**除去消火**、**窒息消火**、**冷却消火**、**抑制消火**の4つの方法が用いられる

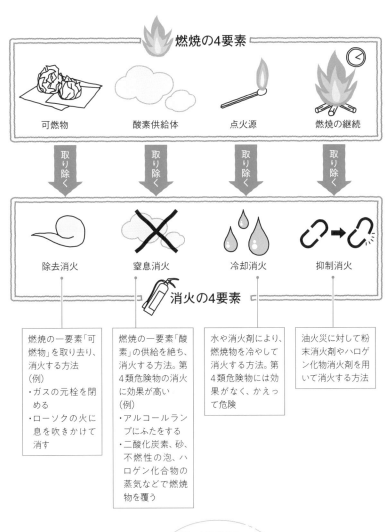

燃焼の4要素

| 可燃物 | 酸素供給体 | 点火源 | 燃焼の継続 |

取り除く / 取り除く / 取り除く / 取り除く

消火の4要素

| 除去消火 | 窒息消火 | 冷却消火 | 抑制消火 |

燃焼の一要素「可燃物」を取り去り、消火する方法
（例）
・ガスの元栓を閉める
・ローソクの火に息を吹きかけて消す

燃焼の一要素「酸素」の供給を絶ち、消火する方法。第4類危険物の消火に効果が高い
（例）
・アルコールランプにふたをする
・二酸化炭素、砂、不燃性の泡、ハロゲン化合物の蒸気などで燃焼物を覆う

水や消火剤により、燃焼物を冷やして消火する方法。第4類危険物には効果がなく、かえって危険

油火災に対して粉末消火剤やハロゲン化物消火剤を用いて消火する方法

第4類危険物とは、アルコール、アセトン、アセトアルデヒドなどの引火性液体を指す！

自動火災報知設備と感知器

自動火災報知設備[※1]とは、火災時の避難と初期消火のために必要な設備の総称で、受信機・発信機・表示灯・感知器[※2]などから構成されています。火災で生じる煙や熱などによる急激な温度の上昇や炎を感知器が感知するか、火災に気づいた人が発信機のボタンを手動で押すことで受信機に信号を送り、非常ベルなどで建物の中の人に火災発生を知らせる仕組みです。

自動火災報知設備の仕組み

> 火災受信機には、小規模な建築物で採用されるP型と、大規模建築物（10,000㎡以上）で主に採用されるR型の2種類がある

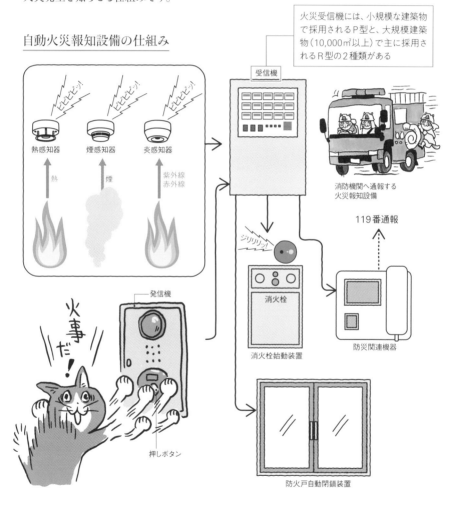

受信機

熱感知器　煙感知器　炎感知器

熱　　煙　　紫外線
　　　　　　赤外線

消防機関へ通報する
火災報知設備

119番通報

発信機

火事だ！

押しボタン

消火栓

消火栓始動装置

防災関連機器

防火戸自動閉鎖装置

※1 自力で避難することが困難な者が入所する社会福祉施設等（消防法施行令別表第一(6)項・イ(1)、(2)・ロに該当する施設）における消防機関へ通報する火災報知設備について、自動火災報知設備の感知器の作動と連動して自動的に通報することが義務付けられた（2015年4月1日施行）
※2 感知器には熱を感知する「差動式スポット型感知器」や「定温式スポット型感知器」、煙を感知する「光電式スポット型感知器」や「光電式分離型感知器」、炎を感知する「紫外線式・赤外線式スポット型感知器」などがある

感知器を設置できない場所

感知器は、天井または壁の屋内に面する部分、および天井裏に「有効に火災の発生を感知できるように」設けるが、以下の場所には設置できない

① 取付け面の高さが20m以上の場所

20M以上

※炎感知器は設置可

② 外気流が流通する場所

※感知器によっては当該場所における火災の発生を有効に感知できない場所

③ 高さ0.5m未満の天井裏

※点検できない場所

感知器の種別と取り付け面の高さ

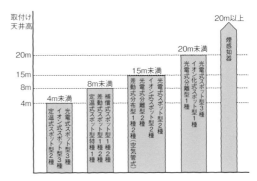

取付け天井高

- 20m以上：煙感知器
- 20m未満：光電式スポット型1・2・3種／イオン化式スポット型1種／光電式分離型1種
- 15m未満：差動式分布型1種2種／光電式スポット型2種／イオン式スポット型2種／光電式分離型1種
- 8m未満：補償式スポット型1種1種／定温式スポット型特種／差動式スポット型1種2種（空気管式）
- 4m未満：定温式スポット型2種／光電式スポット型3種／イオン式スポット型3種

感知器の感知面積

	主要構造	4m未満		4〜8m未満		8m〜15m未満		15〜20m未満
設置高さ 感知器種類		耐火	非耐火	耐火	非耐火	耐火	非耐火	―
差動式スポット型1種		90	50	45	30	―	―	―
差動式スポット型2種		70	40	35	25	―	―	―
補償式スポット型1種		90	50	45	30	―	―	―
補償式スポット型2種		70	40	35	25	―	―	―
定温式スポット型特種		70	40	35	25	―	―	―
定温式スポット型1種		60	30	30	15	―	―	―
スポット型（煙式）1種		150				75		
スポット型（煙式）2種		150			75			
スポット型（煙式）3種		50		―	―	―	―	―

スポット型（煙式）2種の場合の感知面積

感知器を設置する際、1つの感知器でカバーできる面積を感知面積という。感知器の種類（特性）、種別（感度）、天井などの高さ（感知速度）、建物の主要構造（火災の進行速度）の4つの要素から定められている。スポット型（煙式）2種の場合は図の通り

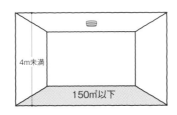

4m未満

150㎡以下

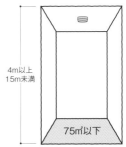

4m以上15m未満

75㎡以下

屋内消火栓と特殊消火設備

屋内消火栓設備とは、建物の使用者（在館者）が初期消火を目的として使用する設備です。建物内の消火用水源から加圧送水装置によって水を汲み上げて放水し、その冷却効果によって消火する仕組みです。

屋内消火栓設備の種類

放水圧力と放水量の違いにより、1号消火栓と2号消火栓があります。また、2号消火栓と同等の操作性を持つ易操作性1号、消火栓と同様の25mの警戒区画範囲を確保した広範囲型2号消火栓も開発されています

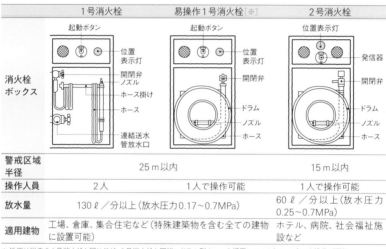

	1号消火栓	易操作1号消火栓[※]	2号消火栓
消火栓ボックス	起動ボタン・位置表示灯・開閉弁・ノズル・ホース掛け・ホース・連結送水管放水口	起動ボタン・位置表示灯・開閉弁・ドラム・ノズル・ホース	位置表示灯・発信器・開閉弁・ドラム・ノズル・ホース
警戒区域半径	25 m以内		15 m以内
操作人員	2人	1人で操作可能	1人で操作可能
放水量	130ℓ/分以上（放水圧力0.17～0.7MPa）		60ℓ/分以上（放水圧力0.25～0.7MPa）
適用建物	工場、倉庫、集合住宅など（特殊建築物を含む全ての建物に設置可能）		ホテル、病院、社会福祉施設など

※ 性能は従来の1号消火栓と同じだが、2号消火栓と同様にドラム型ホースを採用しているため、1人でも操作が可能

屋内消火栓での消火イメージ

加圧送水装置には、重力落下を想定する高架水槽方式、加圧ポンプを用いるポンプ方式、および水槽に加えられた圧力を利用して送水する圧力水槽方式がある。この仕組みは飲料水の給水方式と同様と言える。ただし、消火用のポンプは原則として赤に塗装されており、また一定の水量の常時確保が必須条件。建物内に屋内消火栓が1台ある場合は、1台で20分以上の放水が可能な量を貯える必要がある

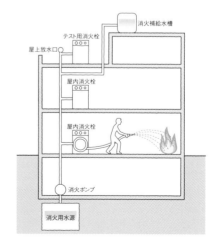

消火補給水槽
テスト用消火栓
屋上放水口
屋内消火栓
屋内消火栓
消火ポンプ
消火用水源

屋内消火栓設備の設置条件

屋内消火栓設備は、常時、配管中に水が満たされているものを湿式、水がないものを乾式と呼び、区別している。湿式は使用時に即、放水可能。乾式は配管内の凍結のおそれのある寒冷地で使用される。消火栓の種類（左頁表参照）によって、接地方法の規定が異なる

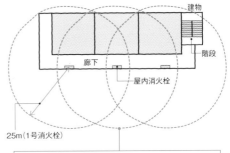

建物
階段
廊下
屋内消火栓
25m（1号消火栓）

屋内消火栓は、各階の各部分からの水平距離が、1号消火栓は25m、2号消火栓は15m以内となるように設置する
※間取りが入り組んでいる場所ではこの限りではないので、所轄消防署に事前確認を行うこと

水噴霧消火設備

水を微粒子状にして、霧吹きのイメージで火災発生箇所に噴霧する消火設備。油火災（B火災）、あるいは電気火災（C火災）全般に対応可能。火災の熱によって水の微粒子が蒸発することによる冷却効果、酸素供給を絶つ窒息効果の他、油と水の混合物が油の表面を覆って気化を抑えるエマルジョン効果も期待できる。ただし、天井高が高い場合（飛行機の格納庫など）には、微粒子がまとまって水滴となってしまうため、使用不可

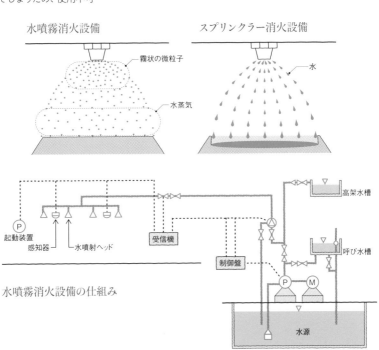

水噴霧消火設備

霧状の微粒子
水蒸気

スプリンクラー消火設備

水

起動装置
感知器
水噴射ヘッド
受信機
高架水槽
呼び水槽
制御盤
水源

水噴霧消火設備の仕組み

スプリンクラー設備

スプリンクラー設備とは、火災時に天井などに2～3m間隔で設置したヘッドから自動で放水し、初期消火を行うための設備のこと。初期コストはかかりますが、初期消火の効果は絶大です。

スプリンクラーヘッドの種類

放水部分をヘッドとよび、開放型と閉鎖型のヘッドに分類される。ヘッドの放水口が常に開放されており、バルブからヘッドまでの間に水が満たされていないタイプは開放型と呼ばれ、一般的に、手動のバルブを操作して送水を開始する。ヘッドの放水口が常時閉じているタイプは閉鎖型と呼ばれ、さらに湿式・乾式・予動作式に分類される

①閉鎖型湿式

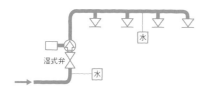

最も一般的に採用されているもの。ヘッドまでの配管系統を常時加圧水で充たしておき、感熱によりヘッドを開放して放水する。冬季でも凍結のおそれがない場所に使用する

②閉鎖型乾式

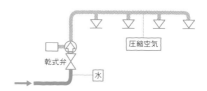

配管内が凍結する恐れのある寒冷地に採用される。弁からヘッドまでの配管系統を常時圧縮空気で充たしておき、ヘッドの感熱により圧縮空気が排出された後に放水する

③閉鎖型予動作式

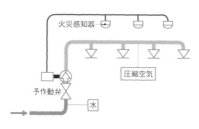

水損をできるだけ避けたい電算機室などに採用される。弁からヘッドまでの配管系統を常時圧縮空気で充たしておき、ヘッドと火災感知器との両方が感知した際に放水する

④開放型

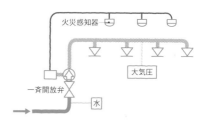

劇場の舞台のような天井の高い場所に採用される。感知器と連動させるか、手動起動装置で一斉解放弁を開放し放水する

場所に合わせて選ぼう

閉鎖型スプリンクラー設備の設置例

スプリンクラー設備に関する図面には専門知識が必要なため、防災メーカーに図面の作成を依頼するとよい。図面作成には時間を要することが多いため、早めの相談を心がけよう

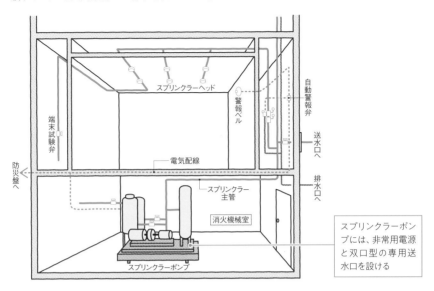

スプリンクラーポンプには、非常用電源と双口型の専用送水口を設ける

スプリンクラー設備の系統図

下図は一般的なスプリンクラー設備の系統図である。スプリンクラーで警戒できないエリアは、スプリンクラー用の水源から水を送ることのできる屋内消火栓（2号相当）を接続するケースがある。これを**補助散水栓**と呼ぶ

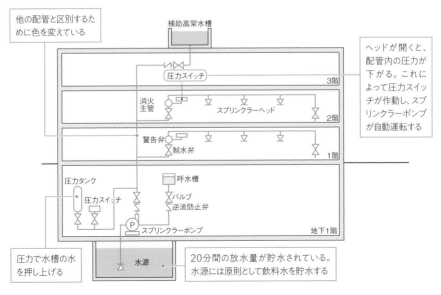

他の配管と区別するために色を変えている

ヘッドが開くと、配管内の圧力が下がる。これによって圧力スイッチが作動し、スプリンクラーポンプが自動運転する

圧力で水槽の水を押し上げる

20分間の放水量が貯水されている。水源には原則として飲料水を貯水する

ハロゲン化物・不活性ガス消火設備

ハロゲン化物消火設備や不活性ガス消火設備は、美術館や精密機械を扱う部屋、電気通信機室など、繊細な配慮が必要な場所に設置します。他の方法に比べて消火剤による汚損が少なく、早急に復旧することが可能です。

ハロゲン化物・不活性ガス消火設備の構成

ハロゲン化物消火設備と不活性ガス消火設備は構成や適応火災はほぼ同じである。一般的な消火剤とは、消火原理が異なる

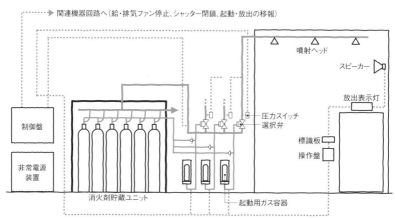

関連機器回路へ（給・排気ファン停止、シャッター閉鎖、起動・放出の移報）

噴射ヘッド
スピーカー
放出表示灯
制御盤
圧力スイッチ
選択弁
標識板
操作盤
非常電源装置
消火剤貯蔵ユニット
起動用ガス容器

ハロゲン化物消火設備の仕組み

消火剤としてハロゲン化合物を使用し、その抑制作用で消火する設備。火災時には、代替フロンを警戒範囲全域に自動放出する。常時人がいない駐車場や通信機室などに限定して使用される。現在、ハロゲン化物消火設備の新規設置は環境保護の観点から認められていないが、既に設置してあるものについては継続使用が認められている。不要となった場合にはハロンの回収が必要になる

不活性ガス消火設備の仕組み

ボンベに加圧液化された不活性ガスを放出し、酸素濃度を下げて消火する設備。汚損や感電の恐れがないので、電気・油火災や水損を嫌うコンピューター室、図書館の書庫などに適している。消火剤には不活性（イナート）ガスや二酸化炭素が用いられる。アルゴン、ヘリウムなどの不活性ガスは二酸化炭素よりも人体への安全性が高く、GWP（地球温暖化係数）、ODP（オゾン層破壊係数）ともにゼロで、環境面で優れている。一方、二酸化炭素は気化潜熱が非常に大きいので放出時の熱吸収による冷却効果が大きいという特徴がある。問題点としては、ここ数年二酸化炭素を消火剤とする不活性ガス消火設備の誤作動・誤操作による死傷事故が相次いでいる。事故原因は不明ながらも設備の老朽化が原因という説もあり、安全対策や安全意識の向上が課題となっている

泡消火設備

ガソリンや灯油など、引火性(可燃性)液体の火災に優れた威力を発揮する消火方法。駐車場やガソリンスタンド、修理または整備場、危険物倉庫、危険物製造所・一般取扱所(泡ヘッド方式)、屋外貯蔵タンク(チャンバー方式・SSI方式)、航空機格納庫、危険物一般取扱所、危険物製造所などに設置され、天井高が高い場所でも設置可能です。

泡消火設備の仕組み

可燃性液体などによる火災に対し、表面を空気泡(エアフォーム)で覆って空気を遮断することで消火。特に油火災に威力を発揮する。また、泡消火剤にはさまざまな種類がある。化学泡は、炭酸水素ナトリウム(A剤)と硫酸アルミニウム(B剤)の反応によって生じた二酸化炭素を含んだ泡のこと。機械泡は、水に安定化剤を溶かして空気と混合してつくった泡のことを指す

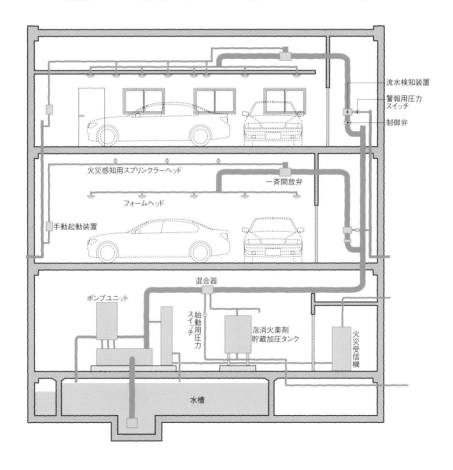

流水検知装置
警報用圧力スイッチ
制御弁
火災感知用スプリンクラーヘッド
一斉開放弁
フォームヘッド
手動起動装置
混合器
ポンプユニット
始動用圧力スイッチ
泡消火薬剤貯蔵加圧タンク
火災受信機
水槽

排煙設備

排煙設備とは、火災時に発生した煙を屋外に排出し、避難時間を確保するための設備のこと。一酸化炭素中毒を防ぎ、煙による視界不良で非常口を見失うリスクを避けることが設置の目的です。建築基準法では、施行令126条（令126の2：排煙設備が必要な建築物、排煙設備が免除される建築物。令126の3：排煙設備の構造）に設置基準が定められています。自然排煙方式と機械排煙方式がありますが「連続した空間の中で明確に区画をしないままに機械排煙と自然排煙を同時に用いてはならない」と覚えておきましょう。

自然排煙方式の有効開口

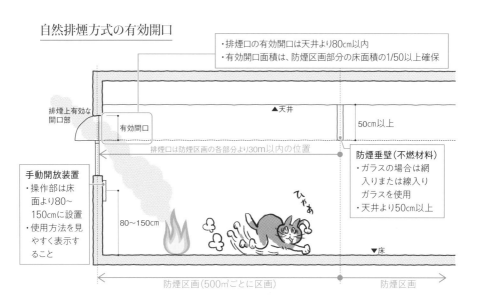

- 排煙口の有効開口は天井より80cm以内
- 有効開口面積は、防煙区画部分の床面積の1/50以上確保

排煙上有効な開口部

有効間口

▲天井

50cm以上

排煙口は防煙区画の各部分より30m以内の位置

防煙垂壁（不燃材料）
- ガラスの場合は網入りまたは線入りガラスを使用
- 天井より50cm以上

手動開放装置
- 操作部は床面より80〜150cmに設置
- 使用方法を見やすく表示すること

80〜150cm

▼床

防煙区画（500㎡ごとに区画）　　　防煙区画

排煙設備の種類と構造

排煙設備を設置する際には、原則として防煙垂壁などで建物を区画し、区画ごとに上部に排煙窓もしくは排煙口を設ける（細かい仕様は、上・右頁図参照）。自然排煙設備は、煙が自然に上へと立ち昇る性質を利用して、室内の天井付近に設けた開口部（窓）から煙を排出する方式。機械排煙設備は、排煙機器を使いダクトを通して屋外に煙を排出する方式。自動火災報知機と連動しており、火災を感知すると排煙機が作動する仕組み。500㎡から2,000㎡程度の中規模建築物であれば、機械排煙ではなく、自然排煙設備を採用するケースが多い

建築基準法上の機械排煙設備

排煙構成		諸元	備考
排煙口	位置	・防煙区画に1個以上、区画内から30m以内に設置 ・天井面または天井より下方80cmいない、防煙垂壁の背丈以内	—
	大きさ	・面積0.04㎡以上	—
	吸込み風速	・10m／s以下	—
手動開放装置	位置	・壁に設置の場合は、床面から80〜150cm。天井より吊り下げの場合は、床面から概ね180cm	—
風量	1区画	・防煙区間の床面積1㎡あたり1㎡／分以上	—
	2区画以上	・最大区画の床面積1㎡あたり2㎡／分以上	最小120㎡／分以上
ダクト	風速	・15〜20m／s	—
	断熱仕様	・グラスウール25mm ・ロックウール20mm	—
排煙ファン	機器仕様	・運転開始より30分は高温（280℃以上）に耐える多翼型、リミットロード型、またはチューブラ型とする	・非常電源 ・エンジン駆動

機械排煙方式の種類

排煙機器を使用して屋外に煙を排出する**機械排煙方式**は、**排煙口方式**、**天井チャンバー方式**、**加圧排煙方式**などの種類があります。ここでは概略図でそれぞれの方式を解説します。

排煙口方式

最も一般的な機械排煙方式。火災の起こった部屋が負圧になるため、他の部屋に煙が回らない仕組み。給気が不十分だと効果が落ちるので注意

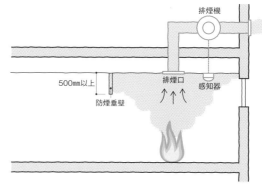

天井チャンバー方式

天井内に排煙ダンパーを設け、天井懐の吸気口から排煙する仕組み。このチャンバーを利用して空気を回す方法は、排煙だけではなく空調設備などでも用いられる

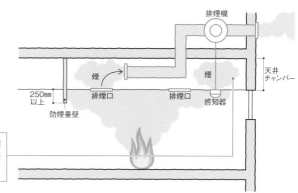

煙を天井懐内に治めることにより、居室内の煙を排出する

加圧排煙方式

非常用エレベーターの昇降用ロビーや特別避難階段の付室に採用される。排煙機で新鮮な空気を取り入れ、避難経路への煙の侵入を防ぐ。排煙口方式に比べ、設備設置に必要なスペースが小さいのも特徴

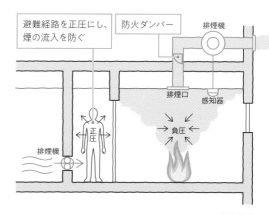

非常用エレベーター

非常用エレベーターは、火災時に消防隊が消火作業および救出作業に使用するためのエレベーターです。建築基準法（令129条の13の3）により、高さ31mを超える建築物への設置が義務づけられています。平常時は一般のエレベーターと兼用しても問題ありませんが、非常時には非常用エレベーターとしてスムーズに切り替えられるようにしておく必要があります。また、いくつかの項目が特別に規定されています。

非常用エレベーターの台数と配置

高さ31mを超える部分の床面積が1,500㎡以下の場合は1台、1,500㎡を超える場合は、超えた面積が3,000㎡増すごとに1台ずつ追加する必要がある

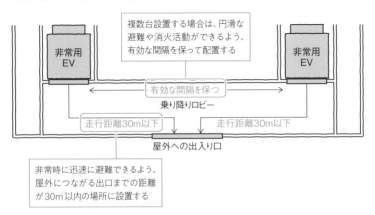

複数台設置する場合は、円滑な避難や消火活動ができるよう、有効な間隔を保って配置する

有効な間隔を保つ

乗り降りロビー

走行距離30m以下　　走行距離30m以下

屋外への出入り口

非常時に迅速に避難できるよう、屋外につながる出口までの距離が30m以内の場所に設置する

耐火構造と区画

非常時に炎や煙が回らないよう、非常用エレベーターと一般用エレベーターの間は耐火構造の壁や特定防火設備で区画する必要がある

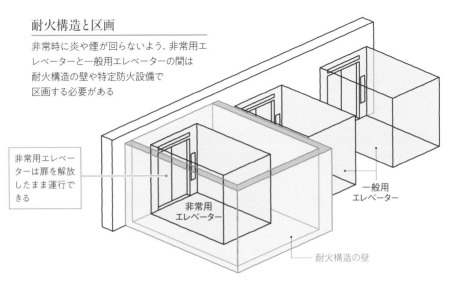

非常用エレベーターは扉を解放したまま運行できる

非常用エレベーター

一般用エレベーター

耐火構造の壁

乗降ロビーのつくり

非常用エレベーターの乗降ロビーは、消火・救出活動の拠点となる。初期避難者がとどまる場所でもあるため、防火や防煙、停電対策をしっかりと施す必要がある。乗降ロビーは床面積10㎡以上で各階に設け、耐火構造の床と壁で囲み、天井や壁の仕上げや下地も不燃材料とする。また、非常用照明や屋内消火栓、非常用コンセントや連結送水管の送水口などの消火設備を設ける

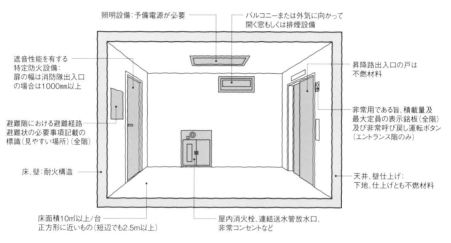

照明設備：予備電源が必要

バルコニーまたは外気に向かって開く窓もしくは排煙設備

遮音性能を有する特定防火設備：扉の幅は消防隊出入口の場合は1000mm以上

昇降路出入口の戸は不燃材料

避難階における避難経路避難状の必要事項記載の標識（見やすい場所）（全階）

非常用である旨、積載量及び最大定員の表示銘板（全階）及び非常呼び戻し運転ボタン（エントランス階のみ）

床、壁：耐火構造

天井、壁仕上げ：下地、仕上げとも不燃材料

床面積10㎡以上/台正方形に近いもの（短辺でも2.5m以上）

屋内消火栓、連結送水管放水口、非常コンセントなど

昇降路と乗降ロビーの区画

防火区画（非常用と一般用の間は耐火構造の壁が必要）

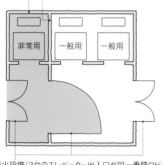

非常用　一般用　一般用

特定防火設備（3台のエレベーター出入口が同一乗降ロビーの場合、非常用と一般用の乗降ロビーを特定防火設備似て区画する）

機械室の区画

非常用エレベーターと一般用エレベーターは、それぞれの機械室に専用の出入口を設ける必要がある

非常用と一般用は、それぞれの機械室に専用の出入口を設ける

点検口

非常用エレベータ機械室

一般用エレベータ機械室

出入口

出入口

ヨシ！

エレベーターの出入口部分には消火水が侵入しないよう水勾配を取るのがおすすめ！

非常コンセント設備

非常コンセント設備は、防火対象物に火災が発生した際、消火活動を行う消防隊が有効に動けるよう、専用で使うコンセントのこと。消火活動が困難な超高層建築物や大規模な地下街では、消火活動のための電源を建築物側から確保できるよう、非常コンセントを設ける必要があります。

非常コンセント設備の設置例

防火対象物の階段室や非常用エレベーターの附室など、消火活動の拠点となる場所に単相交流100V15Aの非常コンセントを設置するのが基本。消火や救出のために使用するドリル、照明器具、排煙装置など、消火活動に使用する可搬式の電気機器に電源供給を行うための重要なコンセントである

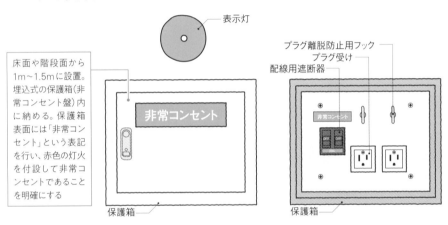

表示灯

床面や階段面から1m〜1.5mに設置。埋込式の保護箱(非常コンセント盤)内に納める。保護箱表面には「非常コンセント」という表記を行い、赤色の灯火を付設して非常コンセントであることを明確にする

非常コンセント

保護箱

プラグ離脱防止用フック
プラグ受け
配線用遮断器

非常コンセント

保護箱

非常コンセント設備の設置基準

非常コンセント設備は、地階を除く階数が11階以上、または地下街の延床面積1,000㎡以上の場合に設置義務が発生する。防火対象物の種類に関係なく、基準値を超過した場合には設置を要する。地上11階以上の階、地下街などに計画することが義務付けられ、非常コンセントから水平距離50mの円で建物全体が包含できるように計画する必要がある

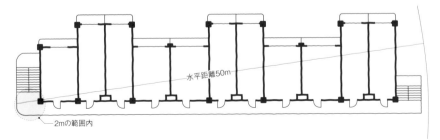

水平距離50m

2mの範囲内

非常電源装置

非常電源装置とは、火災等により常用電源が停電等の異常をきたしてもこれに替えて電力を供給できるように設置する装置のこと。消防法施行規則第12条第1項第4号に規定する非常電源専用受電設備、自家発電設備、蓄電池設備および燃料電池設備があります。警報を10分間鳴らし続け、その後で誘導灯を20分間点灯させ、非常用照明と排煙設備を30分間以上稼働させて在館者全員を避難させ、初期消火活動をサポートできるだけの電気容量を確保する必要があります。

非常用電源の設置区分・種別

非常用電源は、消防用設備等の種別によって下表のように設置が定められている

消防用設備等	自家発電設備	蓄電池設備	非常電源専用受電設備	燃料電池設備	容量（分以上）
屋内消火栓設備	○	○	▽	○	30
スプリンクラー設備	○	○	▽	○	30
水噴霧消火設備	○	○	▽	○	30
泡消火設備	○	○	▽	○	30
屋外消火栓設備	○	○	▽	○	30
排煙設備	○	○	▽	○	30
非常コンセント設備	○	○	▽	○	30
無線通信補助設備	×	●	▼	×	30
不活性ガス消火設備	○	○	×	○	60
ハロゲン化物消火設備	○	○	×	○	60
粉末消火設備	○	○	×	○	60
連結送水管	○	○	▽	○	120
ガス漏れ火災警報設備	×	●	×	×	10
自動火災報知設備	×	●	▼	×	10
非常警報設備	×	●	▼	×	10
誘導灯	×	●	×	×	20
排ハロン・排不活性ガス	○	○	○	○	60
パッケージ型自動消火設備	×	○	×	×	60-10
総合操作盤	○	○	▽	○	120

○印は使用できるもの
●印は直交変換装置を有する蓄電池設備を除く
×印は使用できないもの
▽、▼印は延べ面積が1,000㎡以上の特定防火対象物は使用できない（▽印は小規模特定用途複合防火対象物を除く）

避難経路の確保

オフィスや店舗などでは、地震や火災などの災害が発生した際、速やかに中にいる人を安全な場所に避難させる必要があります。そのため、避難経路の確保は非常に重要です。

階段や廊下の避難通路の確保

一般的なオフィスや事務庁舎では、確保すべき避難通路の幅員 ❖ が定められている。そのうえで、災害時に通路をふさがないよう物品等は置かないようにする

防火戸の開閉確保

防火戸前面に物品等が置いてあると、火災時に防火戸が閉まらず炎や煙の拡大を防げないため、開閉に支障のない状態にしておく必要がある

避難器具の設置場所

避難はしごや緩降機などの避難器具の周囲には物を置かない。部屋内設置の場合は施錠を有しない、もしくは非常時に外側から開錠できるつくりとする

火災報知器の設置場所

受信機は常時人がいる場所に設置すること。無人の倉庫等に受信機を設置すると、火災の原因場所の特定が遅れ、初期消火活動に支障が出る場合がある

❖ 避難通路に必要な幅員は以下の通り。階段：有効幅1.2ｍ、廊下：有効幅1.6ｍ（両側居室）、廊下：有効幅1.2ｍ（片側居室）

特別避難階段

避難階段(非常階段)とは、防火避難上安全な構造(耐火構造や防火設備等)で施工した直通階段のこと。屋内から附室あるいはバルコニーを経て階段室に至るつくりで、より安全性を高めた特別避難階段もあります。特別避難階段は、建築物の15階以上の階と地下3階以下の階に、避難階段は建築物の5階以上の階と地下2階以下の階に設置が義務づけられています。

バルコニー型特別避難階段のポイント

特別避難階段の設計のポイントは以下の3点である(①附室には排煙設備を設ける。自然排煙も可 ②附室への出入口と階段室への出入口はできるだけ離す。これにより階段室に群衆がなだれ込む現象を防止する ③階段室への出入口幅は階段の有効幅員以下とする)。居室から階段へと避難するときに、屋外のバルコニーを経由して特別避難階段に至るつくりがバルコニー型特別避難階段。この設計ポイントを下図に示す

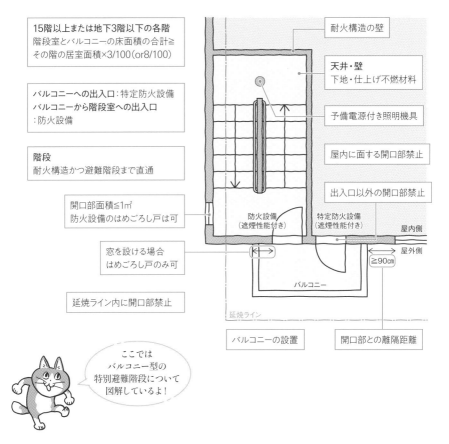

15階以上または地下3階以下の各階
階段室とバルコニーの床面積の合計≧
その階の居室面積×3/100(or8/100)

バルコニーへの出入口:特定防火設備
バルコニーから階段室への出入口
:防火設備

階段
耐火構造かつ避難階段まで直通

開口部面積≦1㎡
防火設備のはめごろし戸は可

窓を設ける場合
はめごろし戸のみ可

延焼ライン内に開口部禁止

耐火構造の壁

天井・壁
下地・仕上げ不燃材料

予備電源付き照明機具

屋内に面する開口部禁止

出入口以外の開口部禁止

防火設備
(遮煙性能付き)

特定防火設備
(遮煙性能付き)

屋内側

屋外側

≧90cm

バルコニー

延焼ライン

バルコニーの設置

開口部との離隔距離

ここでは
バルコニー型の
特別避難階段について
図解しているよ!

避難安全検証

避難安全検証法は、建物内で発生した火災から避難者が安全に避難できることを、計算により確かめる性能設計です。避難安全性能を有していれば、建築基準法の避難関係規定を一部適用除外できるため、設計の自由度が上がるなどのメリットがあります。建築基準法では、**階避難安全性能**と**全館避難安全性能**が定義されています。

避難安全検証の流れ

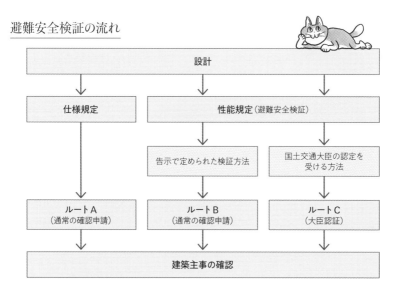

```
                          設計

      仕様規定              性能規定（避難安全検証）

                    告示で定められた検証方法    国土交通大臣の認定を
                                            受ける方法

    ルートA            ルートB              ルートC
  （通常の確認申請）    （通常の確認申請）       （大臣認証）

                      建築主事の確認
```

設計ルートの選択

階避難安全検証（右頁参照）の際には、建物の特性に応じて、屋内からバルコニーまたは附室に通じる出入口に関わる部分に限り、階ごとに設計ルートを選択することができる。また、全館避難安全検証については、設計ルートの選択は不可である

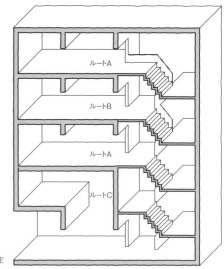

ルートA：仕様規定に適合
ルートB：階避難安全検証による検証
ルートC：高度な検証方法による大臣認定

階避難安全性能

建築基準法施行令第129条で規定されている。当該階にいる人が火災時に他の部屋まで避難できたうえ、地上又は直通階段まで安全に避難できるかを検証する

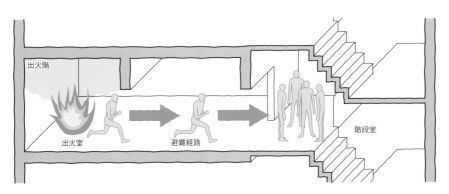

出火階

出火室　　　避難経路　　　階段室

全館避難安全性能

建築基準法施行令第129条の2で規定されている。建物のいずれの階にいても、火災時に建物内のすべての避難者が地上まで安全避難できるかを検証する

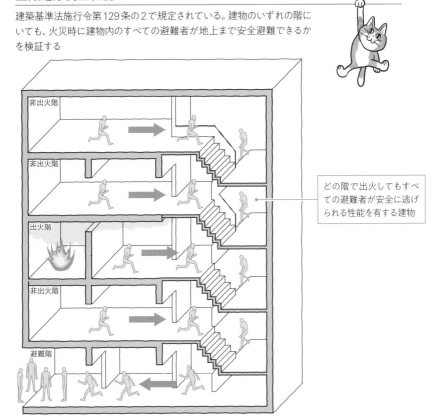

非出火階

非出火階

出火階

非出火階

避難階

どの階で出火してもすべての避難者が安全に逃げられる性能を有する建物

在館者数を見積もる方法

オフィスビルや店舗においては、室や階の出口における避難時の通過人数に十分余裕を持たせる設計が望ましいでしょう。在館者数をあらかじめ正確に把握できれば問題ないが、難しいケースも多々あります。このようなときは、やや多めの在館者数を見積もるための在館者密度指標を用いて設計します。

室の用途と可燃物密度および在館者密度

表の出典は、平成12年度の建設省告示。オフィスビルや店舗、学校などの主な室についてまとめている。一般的に事務室は1人／8㎡程度、百貨店の売り場は1人／2㎡程度の密度で見積もることが多い

用途	可燃物密度［MJ／㎡］	在館者密度［人／㎡］
打合せ室、役員室、控室、喫煙室、受付	160	0.125
応接室	240	0.125
検査室、診察室	240	0.25
軽飲食（厨房）	240	0.125
軽飲食（客席）	240	0.7
教室	400	0.7
売場（一般店舗）	480	0.5
飲食店舗（厨房）	480	0.125
飲食店舗（客席）	480	0.7
事務室	560	0.125
売場（重物販店舗）	960	0.5
廊下、前室、トイレ、シャワー室、冷蔵庫、冷凍室	32（火災発生の恐れの少ない室）	0
給湯室、更衣室、サーバー室、機械室	160	0
備品庫、倉庫	960	0

在館者全員が無理なく安全に避難できる設計を目指そう！

煙の拡散スピードと避難

火災時の煙の速さは火元の燃えている勢い（火勢）や建物内での風（気流）の有無などにより異なりますが、廊下など横方向に拡がる速度は1秒間に0.2〜0.5m程度（無風状態）です。人の歩く速さは1秒間に1m前後なので、横方向の場合、人の方が煙よりかなり速いことになります。一方、階段の吹抜けなどでは煙のスピードは急変し、1秒間に3〜5mの速さで上昇します。人が階段を上る速度は1秒間に0.3〜0.5mなので、縦方向では煙の方がはるかに速いことになります。階段室に煙を入れないために、近年では廊下と階段室の間に防火扉を設置することが義務付けられています。

煙の上昇スピードと注意点

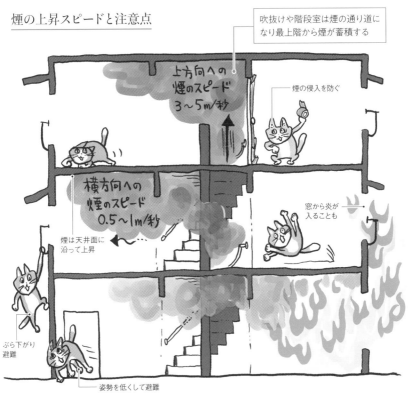

吹抜けや階段室は煙の通り道になり最上階から煙が蓄積する

上方向への煙のスピード 3〜5m/秒

煙の侵入を防ぐ

横方向への煙のスピード 0.5〜1m/秒

煙は天井面に沿って上昇

窓から炎が入ることも

ぶら下がり避難

姿勢を低くして避難

有効流動係数

廊下や出入口などの避難経路における単位時間、単位幅員あたりの通過可能人数を流動係数といい、歩行速度(m/s)に密度(人/㎡)を乗じて求める。一般的に、水平部分では1.5人/(m・s)、階段部分では1.3人/(m・s)程度とされている

煙の上るスピード速すぎる！

雷害と避雷設備の基本

避雷設備とは、雷を避けるために設置する設備ではなく、「建物に落ちた雷撃を安全な通り道に誘導し、建築物や建築設備に悪影響を与えずに大地に逃がす」ことで雷撃による損傷を最小限に抑え、人や電気設備を保護するための設備です。

雷害の種類

雷害には、建物や工作物、樹木や人などに直接落雷する**直撃雷**、落雷によって拡散されたエネルギーで電磁界が大きく乱れ、電線やケーブル、それにつながる電子機器などに雷サージ（異常電圧および異常電流）が誘導されることで機器が被害を受ける**誘導雷**、地面への落雷で対地電位が上昇し、接地（アース）からエネルギーが逆流してくる**逆流雷**などがある

建物や樹木、人などに直接落雷

雷サージの誘導により被害が発生

接地面から逆流して被害が発生

直撃雷　　　　　誘導雷　　　　　　　　　逆流雷

雷害の仕組み

建物に落雷があったとしても、避雷設備が適切に設けられていれば、建物内部の設備類は安全に保護される。雷撃は極めて高い電圧と電流を生み出すため、直撃を避けた場合でも誘導雷に注意が必要

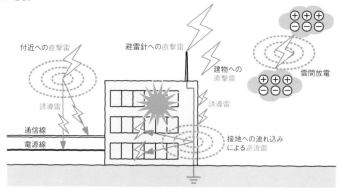

付近への直撃雷

避雷針への直撃雷

建物への直撃雷

雲間放電

誘導雷

誘導雷

通信線

電源線

接地への流れ込みによる逆流雷

避雷針の種類と設置義務

避雷設備は、建築物や工作物が高さ20mを超えなければ法的な設置義務は発生しない。しかし20mに満たない建物でも落雷の可能性はあるため、避雷設備については自主的に検討しておきたい。外部雷の対策としては、雷を早期に補足し、発生した雷電流を大地に安全に放流する方法が一般的。保護角法や回転球体法、メッシュ法など選定した避雷手法に基づいて受雷部の位置や高さを計画する。新JISが普及しはじめてからは、保護角法と回転球体法を組み合わせた設計事例が増えている

保護角法
針状の金属を突出させた避雷針上端から、その上端の鉛直線に対して保護角で定める稜線の内側を保護範囲とする方法

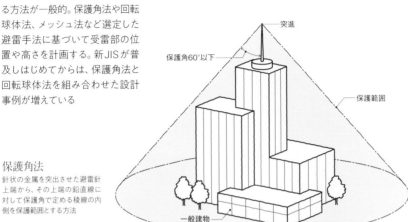

突進

保護角60°以下

保護範囲

一般建物

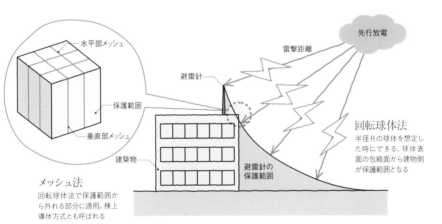

水平部メッシュ

保護範囲

垂直部メッシュ

メッシュ法
回転球体法で保護範囲から外れる部分に適用。棟上導体方式とも呼ばれる

建築物

避雷針

雷撃距離

先行放電

避雷針の保護範囲

回転球体法
半径Rの球体を想定した時にできる、球体表面の包絡面から建物側が保護範囲となる

新JISにおける保護角法
IEC規格で1990年に制定されていたものが2003年に新しくJIS化され（JIS A 4201）、避雷針の保護角は高さと保護効率も考慮された。旧JISと比較すると厳しくなっており、高さ20m以下は55°30m以下は45°と旧JISにおける危険物取扱所と同等の保護性能が求められる。高さ60mにもなると保護角は25°と極めて狭くなり、現実的には回転球体法を使用しなければ建築物全体を保護するのは困難だと言える

60m
25°
45m
35°
30m
45°
20m
55°

「保護する構造物が高くなるほど保護角は狭くなる」と覚えよう

避雷設備の引下げルート

雷電流を地中に引下げるには、避雷針から引き下げ導線を経由します。引下げ導線によって接地までの経路を短くし、かつ複数の経路を確保します。また、接地システムに接続されている鉄筋や鉄骨は、引下げ導線として使用できます。

外部雷の保護システム

外部雷の保護システムは、雷撃を金属製の避雷針の突針部分で補捉して雷電流を引き下げ導線システムに導く「受雷システム」、受雷システムから導かれた雷電流を接地システムに導く「引下げ導線システム」、過電圧を生じさせずに雷電流を地面に逃がし、被害を防止する「接地システム」の3種類がある

避雷針の保護角は60°以下(危険物は45°以下)

避雷針の保護範囲

避雷針(受雷システム)

引き下げ導線システム

接地システム

接地極

引下げ導線と大地を電気的に接続する導体を接地極という。接地極は0.5m以上の深さとして、建物外壁から1m以上離して埋設する。銅板を垂直や水平に埋め込むA型接地極と、環状や網状の形状としたB型接地極がある。接地極には、主に銅板を用い、イオン化傾向[※1]の大きいアルミニウムは使用しない

A型接地極

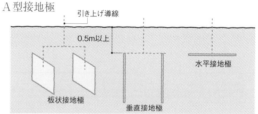

引き上げ導線

0.5m以上

水平接地極

板状接地極

垂直接地極

B型接地極

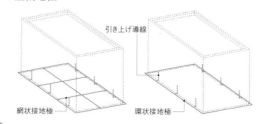

引き上げ導線

網状接地極

環状接地極

イオン化列[※2]の覚え方

リッチに 貸そう か な ま あ あ て に すん な ひ ど す ぎる 借 金
$Li > K > Ca > Na > Mg > Al > Zn > Fe > Ni > Sn > Pb > H_2 > Cu > Hg > Ag > Pt > Au$
Liが一番イオン化傾向が大きく、Auが一番小さくなる

※1 金属が水または水溶液中で陽イオンになろうとする性質のこと。イオン化傾向が大きいほど、酸化されやすい
※2 イオン化傾向の順に金属を並べたものを「イオン化列」と称する

ハザードマップ

ハザードマップとは、一般的に「**自然災害による被害の軽減や防災対策に使用する目的で、被災想定区域や避難場所・避難経路などの防災関係施設の位置などを表示した地図**」とされています。防災マップ、被害予測図、被害想定図、アボイド(回避)マップ、リスクマップなどと呼ばれることもあります。ハザードマップを作成するためには、その地域の土地の成り立ちや災害の素因となる地形・地盤の特徴、過去の災害履歴、避難場所・避難経路など詳細な防災地理情報が必要となります。

ハザードマップポータルサイト

2011年の東日本大震災をはじめ、火山の噴火や集中豪雨など近年の日本では大規模な災害が多発している。東日本大震災を踏まえて2012年6月に「太平洋沿岸地域における津波浸水想定の見直し」が公表されるなど、防災や危機管理対策の一環として、全国的にハザードマップの作成が緊急の課題となっている。国土交通省が運営する「ハザードマップポータルサイト」には、災害リスク情報や防災に役立つ情報を閲覧できるWEB地図サービスや、市町村が作成したハザードマップを見つけやすくまとめたリンク集などが掲載されており、身の回りで警戒すべき災害の危険性や避難経路などを確認することが可能。必ずチェックしておこう

場所や地名を入力すると情報を参照できる

※出典：ハザードマップポータルサイト(https://disaportal.gsi.go.jp/)

リスクをしっかり把握して対策を練っておこう！

防犯環境設計

防犯環境設計とは、**建物や街路の物理的環境の設計**（ハード的手法）**により犯罪を予防することであり、住民や警察、自治体などによる防犯活動**（ソフト的手法）**と合わせて総合的な防犯環境の形成をめざす取り組み**。欧米では**CPTED**（Crime Prevention Through Environmental Design／環境設計による犯罪予防）と呼ばれ、1970年代から取り組みが進められています。防犯環境設計は、侵入盗や乗り物盗、車上ねらい、ひったくりなどのいわゆる「機会犯罪[※]」を防止する上で特に効果的です。

防犯環境設計の手法

直接的な手法として「被害対象の回避・強化」と「接近の制御」、間接的な手法として「自然監視性の確保」と「領域性の確保」があり、これらを組み合わせて実施する

	被害対象の回避・強化	接近の制御
直接的な手法	犯罪被害の対象になるのを回避するために、犯罪誘発要因の除去や対象物の強化を図る 建物の窓や鍵の防犯性能を上げる／防犯対策が施された安全な駐車場を選択する	犯罪企図者（犯罪を起こそうとする者）が被害対象者（物）と近づきにくい環境をつくる 建物の窓など侵入入口になりそうな場所に足場になるような物を置かない／道路の歩車道を分離し、バイクなどによるひったくりを防ぐ

	自然監視性の確保	領域性の強化
間接的な手法	自然に多くの人の目が行き届くよう、見通しを確保する 道路や公園に防犯灯を接地し、暗がりを少なくする／交差点などの角地を隅切りし、見通しを確保する	領域を明確にすることで外から人が侵入しにくい環境をつくる フェンスや花壇などで囲い、公園などの敷地領域を明確にする／落書きやゴミの放置など行われないよう、施設を管理する

※ その場の状況（時間や照明、周囲の人間の有無、見通しの良し悪し、防犯設備の有無など）によって、犯罪企図者（犯罪を起こそうとする者）にとって犯罪を起こしやすい条件がそろったときに行われる犯罪のこと

情報漏洩対策の基本

建設業界（建設現場）にもITの進歩の波が押し寄せてきています。業務の効率化、情報の共有化も進む今日この頃。しかし、この情報が外部に漏れると企業経営に大きな打撃になるため、情報管理の徹底は何よりも重要な課題と言っても過言ではありません。

情報漏洩の影響

建物情報は勿論、クライアントやゼネコン、協力会社の社員などの個人データも全てIT機器を介した「情報」。大容量の記録媒体の出現により、データ管理の重大性はさらに高まっている

建築現場・建築会社の情報漏洩例

電子媒体の盗難・紛失

「ちら見」などによる漏洩

パソコンの盗難・紛失による漏洩

情報の重要度とセキュリティレベル

セキュリティレベルが低い⇒高い方へ建物内の動線を計画する。各レベルの境界線は原則通過できない遮へい物で覆われているが、通過を伴う場合にはセキュリティゲート、シャッター等で通行規制し、権限の確認を基本とする。（レベル1〜3は、数字が大きくなる順に影響度が高い情報資産）

会議室　応接室

供用スペース
S1

WC　WC

給湯室

執務スペース
S2

※無断入室禁止の表示
※入退出者監視装置の設置

受付

鍵付キャビネット

重要サーバ（ログの管理）

保管スペース

書庫　書庫　書庫

金庫

S3

施錠管理

レベル1エリア　入り口　レベル2エリア　レベル3エリア（アクセス配線を取る）

地球の明日を
守るには…

第 **5** 章

快適性と省エネのための技術

建物内で暮らす人々の活動を支える建築設備は、電気やガスなど膨大なエネルギーを消費するシステムでもあります。この章では、限りあるエネルギー資源と地球の環境を守るために役立つ省エネの知識や技術をご紹介します。

省エネルギー基準

平成25(2013)年度に施行された省エネルギー基準より、一定の大きさ以上の建築物について、それまでの**建築物の外皮の熱性能**の評価基準に加えて、建物全体の省エネルギー性能を評価する**一次エネルギー消費量**の2つの評価を実施するとともに、届出が義務付けられました。ここでは主に住宅の省エネルギー基準について紹介します。非住宅建築物の外皮性能指標となる**PAL***(ペリメータゾーン)については152頁で解説します。

住宅の省エネルギー評価基準

建築物の外皮の熱性能と一次エネルギー消費量のふたつの指標を用いて評価する。外皮性能を評価する基準値である**外皮平均熱貫流率**(U_A値)の詳細は150頁参照。また、建築物の年間の一次エネルギー消費量が、省エネの徹底により結果として正味ゼロ(または、概ねゼロ)となる建築物をZEB(ネット・ゼロ・エネルギー・ビルディング)と呼ぶ

外皮の熱性能基準
- ●外皮平均熱貫流率の基準
- ●冷房期の平均日射熱取得率基準

+

一次エネルギー消費量基準
- ●暖冷房　●換気　●照明　●給湯
- ●再生可能エネルギー(太陽光発電など)

住宅の省エネのための手法

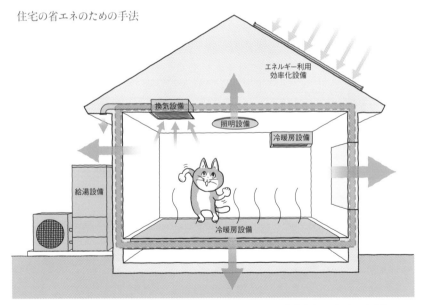

住宅の省エネ性能を高めるためには、主に外皮性能を高めるための建築的手法と、一次エネルギー消費量を抑えるための設備による手法が用いられる。前者の手法は、躯体の断熱や開口部の遮熱、植栽による日陰効果などがあり、後者の手法は太陽光発電などによる創エネや冷暖房設備の高効率化などである

一次エネルギー消費量の評価基準と算定フロー

化石燃料、原子力燃料、水力・太陽光など自然から得られるエネルギーを**一次エネルギー**、これらを変換・加工して得られるエネルギー（電気、灯油、都市ガス等）を**二次エネルギー**という。建築物では二次エネルギーが多く使用されており、それぞれ異なる計量単位（kWh、L、MJ等）で使用されている。これを一次エネルギー消費量へ換算すると建築物の総エネルギー消費量を同じ単位（MJ、GJ）で求めることができる

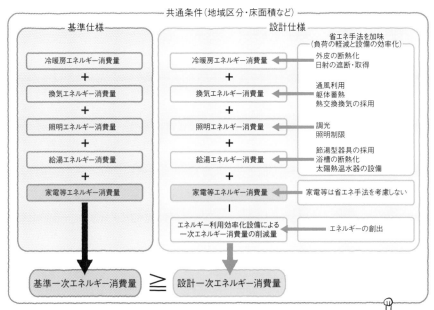

一次エネルギー消費量基準には、評価基準がある。評価対象住宅において、共通条件のもとで、設計仕様（設計した省エネ手法を加味）で算定した値（設計一次エネルギー消費量）が、基準仕様で算定した値（基準一次エネルギー消費量）以下となることが求められる

省エネ基準の変遷と対応関係

時流に合わせて省エネ基準も変化している。その変遷の概要を下表にまとめた

	昭和55年基準 （旧省エネ基準）	平成4年基準 （新省エネ基準）	平成11年基準 （次世代省エネ基準）	平成25年基準	平成28年基準 ［改正］平成28年基準
省エネ法					
品確法 住宅性能 表示	省エネルギー 対策等級2	省エネルギー 対策等級3	省エネルギー 対策等級4	断熱等性能等級4 一次エネルギー消費量等級 5（低炭素基準） 一次エネルギー消費量等級 4（H25基準）	断熱等性能等級4 一次エネルギー消費量等級 5（低炭素基準） 一次エネルギー消費量等級 4（H28基準）
外皮	Q値[W/($m^2\cdot$K)] 5.2以下	4.2以下	2.7以下	U_A[W/($m^2\cdot$K)] 0.87以下※	0.87以下※
	μ値	0.10以下	0.07以下	η_A値 2.80以下※	η_{AC}値 2.80以下※
設備				一次エネルギー消費量	一次エネルギー消費量

※6地域（旧Ⅳb地域 東京）の場合

U_A値とQ値

2013年まで、**熱損失係数（Q値）**が住宅の断熱性・気密性を評価できるメインの指標として用いられてきましたが、2013年以降の省エネ法からは**外皮平均熱貫流率（U_A値）**が評価に用いられるようになりました。実務上では熱損失係数（Q値）が用いられる機会も多いようです。

外皮平均熱貫流率（U_A値）

住宅内外の熱的境界になる外壁・床・天井・屋根・窓・ドアなどからの熱損失量を求めることにより、内外気温差1Kのときの外皮面積1㎡あたりの熱損失量を求めたもの。単位はW/（㎡·K）。各部位の貫流熱量のみを考慮しており、すきま風や換気による熱損失は算入しない

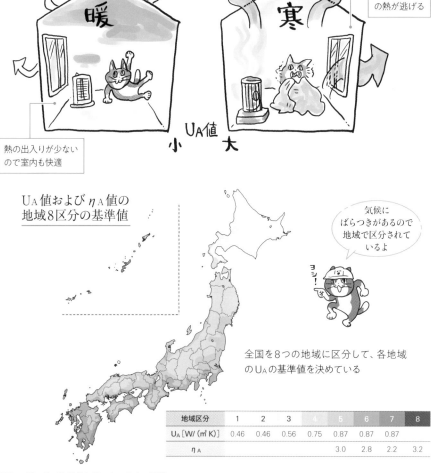

外部と接する箇所から室内の熱が逃げる

暖　寒

U_A値
小　大

熱の出入りが少ないので室内も快適

U_A値およびη_A値の地域8区分の基準値

気候にばらつきがあるので地域で区分されているよ

ヨシ！

全国を8つの地域に区分して、各地域のU_Aの基準値を決めている

地域区分	1	2	3	4	5	6	7	8
U_A[W/（㎡K）]	0.46	0.46	0.56	0.75	0.87	0.87	0.87	
η_A					3.0	2.8	2.2	3.2

熱損失係数（Q値）

住宅の熱的性能の評価指標で、断熱性や気密性を統合したもの。各室の貫流熱損失、および換気・隙間風等による熱損失の合計を求めて、延床面積と室内外の温度差で除して求める。単位はW/（㎡・K）。この値が小さいということは、床面積1㎡当たりの熱損失が小さい＝断熱性・気密性の高い住宅ということになる

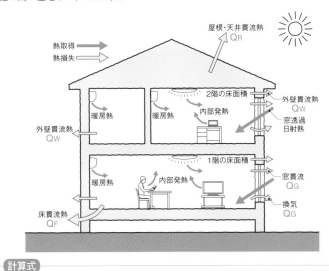

計算式

$$Q = \frac{Q_R + Q_W + Q_G + Q_F + Q_V}{S}$$

Q ：熱損失係数［W/（㎡・K）］
Q_R：屋根・天井を貫流する熱［W/K］
Q_W：外壁を貫流する熱［W/K］
Q_G：窓を貫流する熱［W/K］

Q_F：床を貫流する熱［W/K］
Q_V：自然換気で流出する熱［W/K］
S ：建物の延床面積［㎡］

Q値の地域 6区分の基準値

「エネルギー使用の合理化に関する法律」（1999年）では、全国を6つの地域に区分して、住宅の熱損失係数の上限値の基準を設けた。おおよそ南北方向のグラデーションとなっているが、関東・甲信越地域は山岳部から平野部にかけて、地域区分II～IVと幅広い設定になっている

地域区分	I	II	III	IV	V	VI
W/（㎡K）	1.6	1.9	2.4	2.7	2.7	2.7

PAL*（年間熱負荷係数）

2013年度（平成25年）に改正された省エネルギー基準より、一定の大きさ（延床300㎡以上の非住宅建築物）以上の建築（非住宅建築物）については、建築物の外皮性能と建築設備の一次エネルギー消費量の2つの評価を実施するとともに、届出が義務付けられました。これに関わる外皮評価基準がPAL*（Perimeter Annual Load／年間熱負荷係数）です。

PAL*の定義

PAL*は、建物のペリメーターゾーンにおける熱適性能を評価する指標で、「パルスター」と読ませることが多い。PAL*が小さい（低減率が大きい）ほど、建物の断熱性が高いと言える。外壁や窓における熱負荷を表し、建築物の用途と「省エネルギー基準地域区分」に応じて基準値が定められている

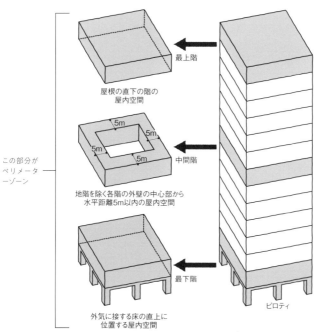

最上階
屋根の直下の階の
屋内空間

中間階
地階を除く各階の外壁の中心部から
水平距離5m以内の屋内空間

最下階
外気に接する床の直上に
位置する屋内空間

この部分が
ペリメーター
ゾーン

ピロティ

ペリメーターゾーン（非住宅建築物の屋内周囲空間）の例

計算式

$$PAL* = \frac{各階のペリメーターゾーンの年間熱負荷（MJ／年）}{ペリメーターゾーンの床面積の合計（㎡）}$$

熱伝導率・熱伝達率・熱貫流率

建物内の温度変化には、屋根や壁などを介した「熱の移動」が関わっています。熱は、自然な状態では温度の高いところから温度の低いところへ伝わり、逆に温度が低いところから温度が高いところへは伝わらないという性質を持ちます(熱力学第二法則)。この熱の伝わりやすさを示す係数には、熱伝導率、熱伝達率、熱貫流率の3つがあります。

素材別の熱伝導率［単位：W/(m・K)［※1］]

熱伝導率(thermal conductivity)とは、伝導(熱が物質内を移動する現象)により物質の熱の伝わりやすさを表す数値。熱伝導度や熱伝導係数とも呼ばれる

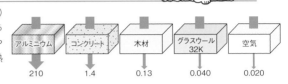

アルミニウム	コンクリート	木材	グラスウール 32K	空気
210	1.4	0.13	0.040	0.020

素材別の熱容量［単位：kJ/K]

物体の温度を1℃上げるのに必要な熱量を表す数値。熱容量［※2］が大きいほど冷めにくく、暖まりやすい

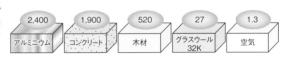

アルミニウム	コンクリート	木材	グラスウール 32K	空気
2,400	1,900	520	27	1.3

※図中の数値は容積比率(1㎥あたりの熱容量、単位は[kJ/(㎥・K)])を示している

熱伝導率［W/(m・K)］・熱伝達率［W/(㎡・K)］・熱貫流率［W/(㎡・K)］の関係

熱伝達率(Heat transfer coefficient)または熱伝達係数とは、壁と空気、壁と水など物体表面と流体との間の熱エネルギーの伝わりやすさを表す数値。熱伝達率は流体の速度によっても大きく異なる。熱伝導率と熱伝達率の2つの値を複合させた値が「熱貫流率」。物質の両側の温度差を1℃としたとき、1㎡に対して1秒間に何Jの熱が伝わるかを示した数値。この値が小さいほど、熱が通じにくい=断熱性能に優れた素材と言える。屋根・天井・開口部など住宅や建築の各部の熱貫流率はU値と表記される

熱貫流とは？

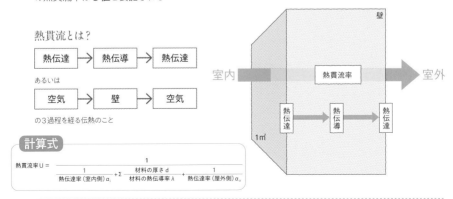

| 熱伝達 | → | 熱伝導 | → | 熱伝達 |

あるいは

| 空気 | → | 壁 | → | 空気 |

の3過程を経る伝熱のこと

計算式

$$
熱貫流率 U = \cfrac{1}{\cfrac{1}{熱伝達率(室内側)\alpha_i} + \Sigma\cfrac{材料の厚さ d}{材料の熱伝導率 \lambda} + \cfrac{1}{熱伝達率(屋外側)\alpha_o}}
$$

壁
室内 → 熱貫流率 → 室外
1㎡ 熱伝達 → 熱伝導 → 熱伝達

※1 W/(m・K)(ワット毎メートル毎ケルビン)とは、厚さ1mの板の両端に1℃の温度差があるとき、1㎡を通して1秒間に流れる熱量のこと
※2 材料の密度とほぼ比例しており、熱容量が大きいコンクリートなどは蓄熱材として使われる

湿り空気線図と結露

一般的に空気は水蒸気を含んでおり、**湿り空気**と呼ばれます。湿り空気線図とはこの空気の状態を表したもので、「1気圧下における」空気の温湿度とエネルギー（比エンタルピー）の関係を示しています（一方、175頁の「モリエル線図」は、気圧を変化させた場合の関係を表しています）。空調の負荷計算などには欠かせない図です。

湿り空気線図から分かること

ある状態の空気をグラフ上の1点で表せる。この点は熱すると右、冷却すると左、加湿すると上、除湿すると下に移動する。同時に、比エンタルピーの増加分を読み取ることも可能である。するとたとえば、冷房したいときに、空調機でどれだけのエネルギーを取り除けば快適になるかを、線図上で読み取ることができる

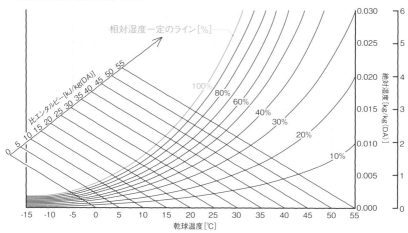

湿り空気線図の用語

●**絶対湿度**[kg/kg (DA)]
乾き空気1kgに対し、湿り空気中に含まれる水蒸気の量

●**乾球温度**[℃]
湿り空気の気温を、感温部の乾いた温度計で測った温度

●**相対湿度**[％]
ある温度において含むことが可能な水蒸気量の割合

●**湿球温度**[℃]
感温部を湿らせた布で覆った温度計で測った温度。乾球温度との差で相対温度を測る目安になる

●**比エンタルピー**[kJ/kg (DA)]
乾き空気1kgに対して乾き空気と水蒸気の持つ熱エネルギーの総量。0℃の乾き空気を基準（0 kJ/kg(DA)）とする

結露が発生する仕組み

結露とは、建築物内の空気が壁面や窓ガラスに触れて冷却され、空気中の水蒸気が水滴となる現象のこと。ガラスの表面温度が露点温度［※］よりも低くなると結露する

結露が発生しやすい場所

結露は、夏期は高温多湿の外気が冷房などによって比較的低温に保たれている建築物内に流れ込み、湿度が上昇することで発生する。冬期は、暖房している室内空気が、温度の低い建築物の躯体や窓ガラスなどに触れることによって発生する。主にガラス窓や壁などに生じる結露を**表面結露**、壁内や断熱材内部など目に見えない場所で起こる結露を**内部結露**と呼ぶ

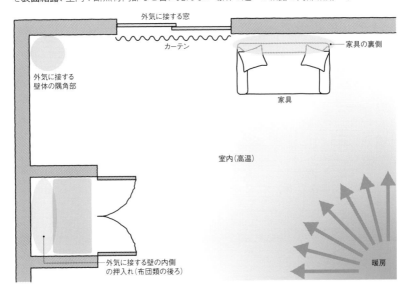

結露が発生した状態の湿り空気線図

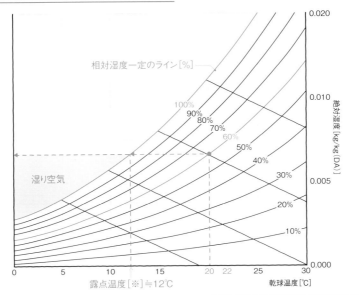

※ 湿り空気を冷却していくと、ある温度で飽和状態(相対湿度が100%)になる温度のこと。この温度に達すると水蒸気は気体から液体に変化する

ガラスの種類

室内の温熱環境に大きく関わる開口部。ここでは、開口部に欠かせないガラスの種類を紹介します。

主なガラスの種類

種類	仕様	性能区分	特徴	長所	短所
熱線反射ガラス		日射遮蔽性	ガラスの表面に、アルミなどのごく薄い金属膜をコーティングしたガラス	・金属膜が日射を遮り、窓際の温度上昇を和らげる ・日射遮蔽効果が高いので、冷房負荷を抑え、コスト削減効果も期待できる	・夏季の日射遮蔽には有効だが、熱貫流率は一般的な透明ガラスとほぼ変わらないため、冬季の断熱効果はほぼ期待できない ・防犯性能が低い
熱線吸収ガラス		日射遮蔽性	日射の熱線の吸収に優れた金属を板ガラスの原料に加えて着色したガラス	・日射を30~40%程度吸収するため、室内への日射熱の侵入を抑えられる ・冷房負荷の軽減につながる	
複層ガラス	板ガラス / 空気層	断熱性	ガラスとガラスの間に空気層（中空層）をもたせたガラス。空気層を真空にすると断熱性能がさらに向上する	・単層ガラスに比べて熱が伝わりにくく、暖房熱が流出しにくい。 ・断熱性に優れる ・室内側に結露が発生しにくい	・遮音性能は期待できない ・防犯性能は高くない
Low-E（低放射）ガラス	金属膜 / 空気層	日射遮蔽性・断熱性	透明性を損なわない特殊な金属膜（Low-E膜）をコーティングしたガラス。室内側にLow-E膜を使用すると冬季の断熱性が増し、屋外側にLow-E膜を使用すると夏季の日射遮蔽が優れる効果がある	・ガラスの透明感を損なわずに可視光線を透過するので、採光を確保しつつ日射遮蔽と断熱を実現できる	・コストが嵩む ・防犯性能は高くない ・耐風圧性能の向上は期待できない

種類	仕様	性能区分	特徴	長所	短所
網入り ガラス		耐火性	金属網を入れたガラス	・火災時の延焼防止、衝撃時のガラス破片飛散防止効果がある	・耐風圧性能が低い
強化 ガラス		耐衝撃性	フロートガラス（透明ガラス）に熱を加えた後一気に冷却することで強度を高めたガラス	・耐風圧強度が高く、フロートガラスに比べて3〜5倍の強度を有する ・自動車の窓などにも採用されている	・製造後の加工や切断は難しい ・「こじ破り」など、一定の道具を使うと簡単に破壊できるため強度の割に防犯性能は期待できない
耐熱強化 ガラス		耐衝撃性・防火性	特殊な加工と超強化処理によって耐熱性能を高めたガラス	・優れた耐熱・遮熱性能を持つ ・フロートガラスの6倍、強化ガラスの2倍以上の強度をもつ ・火災の際にガラスが脱落しないので、炎が侵入するのを防ぐ ・網入りガラスに比べて透明感を損なわない	・コストが嵩む ・製造後の加工や切断は難しい
合わせ ガラス	板ガラス 中間膜	安全性	2枚以上のガラスに強力な樹脂製の中間膜を挟み、熱と圧力を加えて圧着したガラス	・破損時のガラス片の飛散予防 ・中間膜を厚くするとガラス破りに時間を要するため、防犯性能が上がる。中間膜が60mil（1.52mm）以上のものを「防災安全合わせガラス」と呼ぶ	・断熱性能はあまり高くないので、結露防止効果は低い

断熱と遮熱の違い

夏冬の外気温は、壁体を貫流して室内温度に影響します。この熱の貫流量を小さくすることを**断熱**と呼び、断熱材を用いた断熱は、省エネ対策としてもっとも重要な方法のひとつです。木造工法と鉄筋コンクリート（RC）工法ではそれぞれ断熱の方法も異なります。また、外部からの強い日射のコントロール全般を**遮熱**と呼びます。ここではそれぞれについて解説します。

木造住宅の断熱工法

木造住宅の場合、壁の柱間に断熱材を充填する**充填断熱工法**と躯体の外側に断熱材を張る**外張り断熱工法**があり、両者を併用することもしばしばである。前者には、グラスウールやセルロースファイバーなどの繊維系や発泡プラスチック系の断熱材、後者には発泡プラスチック系の断熱材が用いられる

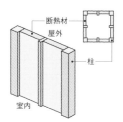

充填断熱工法

主に繊維系の断熱材を、柱などの構造部材間に重点する方法

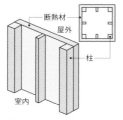

外張り断熱工法

発泡系の断熱材などボード状の断熱材を構造体の外側に張る

付加断熱工法

外張り断熱工法と充填断熱工法を併用する方法。寒冷地などで多く用いられる

鉄筋コンクリート（RC）造の断熱工法

躯体の内側に断熱層を設ける**内断熱工法**と、躯体の外側に断熱材を張る**外断熱工法**がある。内断熱工法はローコストだが、断熱材が連続しない熱橋部分の温度差で結露が生じる可能性がある。コンクリートは特に熱を伝えやすい素材なので、断熱欠損箇所には適宜断熱補強をすること。外断熱工法は断熱材で全体を包み込むため熱橋ができにくいが、コストは比較的割高

内断熱工法

> コンクリート内部に断熱材を吹き付けたり、張り付けたりする方法。熱橋になりやすいので注意が必要

外断熱工法

> コンクリートの躯体を断熱材で覆うように施工する。躯体保護にもなるがコストが高くなりがち

遮熱（日射遮蔽）の方法

日射遮蔽は、外部からの日射や熱のコントロール全般が目的だが、特に重要なのは開口部である。住宅は窓からの熱損失がもっとも大きいため、躯体と共に開口部の断熱性能を高める必要がある。近年では紫外線や赤外線の透過を防ぐ作用のあるLow-E（低放射）ペアガラス［160頁参照］が使われることが多い。日射エネルギーの半分にあたる近赤外線をカットできる効果は遮熱において非常に大きいと言える。オフィスビルなどでは遮熱フィルムを用いることもある

住宅の日射遮蔽のポイント

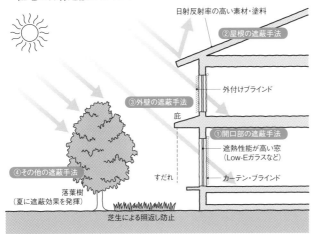

日射反射率の高い素材・塗料
②屋根の遮蔽手法
外付けブラインド
③外壁の遮蔽手法
庇
①開口部の遮蔽手法
遮熱性能が高い窓（Low-Eガラスなど）
④その他の遮蔽手法
すだれ
カーテン・ブラインド
落葉樹（夏に遮蔽効果を発揮）
芝生による照返し防止

住宅の日射遮蔽を検討する際には、まず、敷地周辺の状況を確認する必要がある。その後、①〜④の各所ポイントを検討しよう。①開口部（外付けブラインドや庇、すだれ、遮熱性能が高い素材の窓ガラスなど）②屋根（日射受照時間が長時間に及ぶ場所なので、屋根材や小屋裏換気などを検討）③外壁（屋根面同様）④その他（庭木による日射遮蔽や芝生による照り返し予防など）

放射熱と放射率

ある建材が、その周囲を囲むさまざまな物体と電磁波エネルギーのやり取りをする現象を**放射熱伝達**という。全ての物体は表面の温度に応じて電磁波のエネルギーを周囲に放射しており、建材の表面温度が高いほど放射する電磁波のエネルギーは大きい＝それだけの熱が逃げている、と言える。すなわち、建材と空気との対流による熱伝達だけでなく、建材とその周りを囲む物体との「放射の差し引き」によっても、建材が温められるか冷まされるかが決まる。これが**放射熱伝達による熱バランス**である。赤外線温度測定のガイドとして**放射率**があり、金属以外の建材はほぼ0.8以上になる

主な建材の放射率

等級	材料	放射率 ε（常温）	日射吸収率
0	完全黒体	1.0	1.0
1	大きな箱・球または室の小孔	0.97〜0.99	0.97〜0.99
2	アスファルト・黒色ペイント・黒色紙	0.90〜0.98	0.85〜0.98
3	赤れんが・コンクリート・石・暗色ペイント	0.85〜0.95	0.65〜0.80
4	黄色れんが・石・耐火れんが・耐火粘土	0.85〜0.95	0.50〜0.70
5	白色れんが・紙・プラスター	0.85〜0.95	0.30〜0.50
6	窓ガラス	0.90〜0.95	大部分は透過
7	光沢アルミニウムペイント	0.40〜0.60	0.30〜0.50
8	鈍色黄銅・銅・トタン板・磨き鉄板	0.20〜0.30	0.40〜0.65
9	磨き黄銅・銅	0.02〜0.05	0.30〜0.50
10	アルミ箔・ブリキ板	0.02〜0.04	0.10〜0.40

『ASHRAE guide book 1969』から抜粋

Low-Eガラスの遮熱の仕組み

パッシブ効果（動力を使わず自然の熱や風の力を利用する効果）を得るには、断熱性を高めて熱損失を抑える必要があります。建物、特に住宅では開口部（窓）からの熱損失が大きいため、断熱性能の高いLow-Eガラスの採用は断熱にとても有効です。

Low-E（低放射）ガラスの遮熱の仕組み

特殊な金属膜でコーティングしたガラス。可視光線はよく通すが、紫外線や赤外線の透過は防ぐ。Low-Eガラスを複層ガラスとして使用し、樹脂・木製サッシや複合サッシと組み合わせると、より高い断熱性能を発揮する。右図はLow-Eペアガラスの図解だが、近年では3枚や4枚の複層にしたLow-Eガラスも普及している

UVカットで家具や床・壁材の変色も軽減できる！

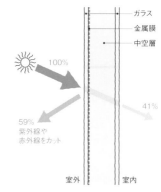

ガラス
金属膜
中空層

100%

41%

59%
紫外線や
赤外線をカット

室外　室内

窓からの熱損失

Low-E複層ガラスを使用しない場合、どの程度の断熱性能を保てるのだろうか？ 1992年当時の省エネルギー住宅（窓はアルミサッシ＋単板ガラス）をモデルにして、窓からの熱損失を計算すると図のようになる。夏季の冷房時や陶器の暖房時に、かなりの熱が流入・流出してしまうことがわかるだろう

外から入ってくる熱（夏）

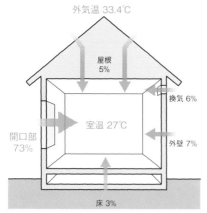

外気温 33.4℃

屋根
5%

換気 6%

室温 27℃

外壁 7%

開口部
73%

床 3%

夏季の冷房時（昼）に開口部を介して熱が流入する割合＝73%

外へ逃げてゆく熱（冬）

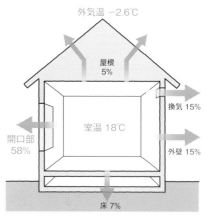

外気温 −2.6℃

屋根
5%

換気 15%

室温 18℃

外壁 15%

開口部
58%

床 7%

冬季の暖房時に開口部を介して熱が流出する割合＝58%

風力換気と温度差換気

風力換気は、風によって生じる室内外の風圧力の差を利用した換気方式。**温度差換気**は、空気の温度差による浮力を利用した換気方式です。それぞれ、以下のように計算します。

風力換気の計算方法

建物壁面に外部風が当たると、一般に風上側では壁面に正圧がかかり、風下では負圧がかかる。このときの風圧力は$P = C(\rho v^2/2)$【P：風圧(N/m^2)、C：風圧係数、ρ：空気の密度(kg/m^3)、v：風速(m/s)】。このとき、風力換気による換気量は、下の式で表される。この式により、風力による換気量は①風速に比例する②風圧係数の差の平方根に比例することがわかる

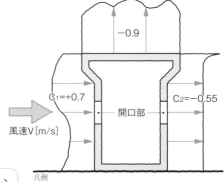

【計算式】
$$Q_W = \alpha \, Av \sqrt{(C_1 - C_2)} \times 3,600 \ (m^3/h)$$

凡例
α：流量係数(通常0.6～0.7)　　A：開口面積(m^2)
v：外部風速(m/s)　　g：重力加速度(m/s^2)
h：2つの開口部の高さの差(m)　　t_i：室温(℃)
t_o：外気温(℃)　　T_i：室温(K) ※$T_i = t_i + 273$で計算される

温度差換気の計算方法

外部風が無視できる状態において室内の上下に開口部がある場合、室内の温度が高いと上方向への空気流動が生じる。これを温度差換気と呼び、換気量は下の式[※]で表される。この式により、温度差による換気量は①開口部の高低差の平方根$\sqrt{h}$に比例する。②室内外の温度差の平方根$\sqrt{t_i - t_o}$に比例することがわかる

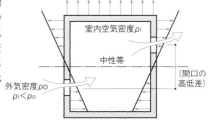

【計算式】
$$Q_t = \alpha \, A \sqrt{2gh\frac{(t_i - t_o)}{T_i}} \times 3,600 \ (m^3/h)$$

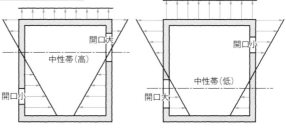

※ この式によれば「上下の開口部の高さの差が大きくなるほど換気量が大きくなる」ため、高層建物においては低層階での流入風速に注意が必要。また、温度差換気が発生している状況においては、内外壁の圧力がともに0となる部分(中性帯)が生じる。上下の開口面積が異なる場合には、中性帯の高さはより大きい側の開口部に近い側となる

空気の乱れと渦

空気には渦(うず)が発生します。身近な例をあげると、暖房であたためられた空気は、浮力により上に向かいます。このとき、上昇する過程で渦が発生し、渦スピードがだんだん速くなります。天井面に到達するときには、渦の効果で熱伝達率が大きくなる、というイメージでとらえてください。

渦の発達例

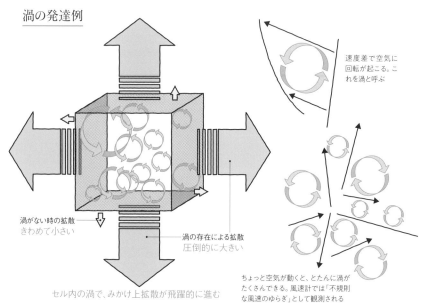

速度差で空気に回転が起こる。これを渦と呼ぶ

渦がない時の拡散
きわめて小さい

渦の存在による拡散
圧倒的に大きい

セル内の渦で、みかけ上拡散が飛躍的に進む

ちょっと空気が動くと、とたんに渦がたくさんできる。風速計では「不規則な風速のゆらぎ」として観測される

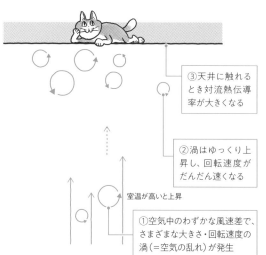

③天井に触れるとき対流熱伝導率が大きくなる

②渦はゆっくり上昇し、回転速度がだんだん速くなる

室温が高いと上昇

①空気中のわずかな風速差で、さまざまな大きさ・回転速度の渦(＝空気の乱れ)が発生

渦の乱れと対流伝達率

(空気の)**乱れ**とは、微小な空気の渦がたくさんある状態のこと。それぞれの渦がゆっくりと上昇しているときでも個々の渦の**回転スピード**はそれなりに速いので、渦の円周上の風速も大きい。渦の円周上の**強い風**が天井面に当たると(渦の上昇速度自体はゆっくりだとしても)対流熱伝達率は大きくなる。天井面の**自然対流熱伝達率**が大きくなる理由は、渦の**回転速度**であるといえる

人体の温冷感を決める要素

人体の熱収支項に影響する要素は6つあります。周囲環境としては**気温[℃]・湿度[%]・気流[m/s]・放射[℃]**の4要素。人体側としては、**着衣量[clo]・代謝量[met]**の2要素があります。

温熱環境の6要素

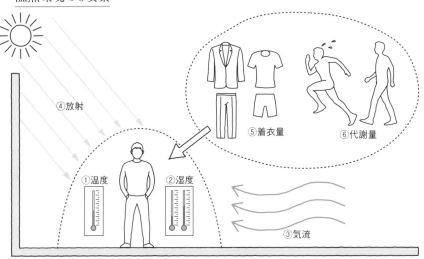

④放射

①温度　②湿度　③気流

⑤着衣量　⑥代謝量

[②**湿度**]高湿であるほど汗の蒸発が進みにくく、より暑さを感じやすくなる。[③**気流**]空気の移動速度のほか、気流の乱れの強さの影響も受ける。[④**放射**]一般的に、「℃」で表される。[⑤**着衣量**]着衣の熱抵抗が0.155[㎡・K/W]の場合を1[clo]（クロー）と定義されており、おおよそスーツ姿の成人男性の着衣量に相当。[⑥**代謝量**]座って安静にしている状態（椅座安静状態）の代謝量を1[met]と表す。熱流で表せば、単位体表面積あたり約58.2[W/㎡]の状態

体温調節機構

体温をほぼ一定に保つため、人間の体は常に「体内でつくられた熱」と「体外に放出される熱」のバランスを取っている

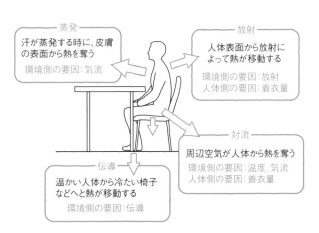

蒸発
汗が蒸発する時に、皮膚の表面から熱を奪う
環境側の要因：気流

放射
人体表面から放射によって熱が移動する
環境側の要因：放射
人体側の要因：着衣量

対流
周辺空気が人体から熱を奪う
環境側の要因：温度、気流
人体側の要因：着衣量

伝導
温かい人体から冷たい椅子などへと熱が移動する
環境側の要因：伝導

温熱環境評価指標

人体の温冷感を決定する要素は6つ［163頁参照］ありますが、これらをまとめて**温冷感指標**として表現しようとする研究が進んでいます。現在よく用いられている温冷感指標を解説します。

PMV（予測平均温冷感申告）

PMVとは、人体周りの熱平衡式と多数の被験者による生理的実験から導かれた指標で、多数の在室者の平均的な温冷感を表す。信頼性の高い評価指標として広く用いられている。「PMV＝0」が中立状態を示し、−3（非常に寒い）から＋3（非常に暑い）までがスケーリングされる。その数値における**不満足者率（PPD）**が対応づけられるが、PMV＝0であってもPPDは0ではなく、概ね5%程度のPPDを見込む

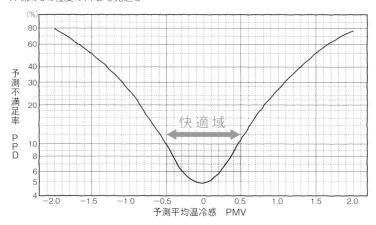

PMVとPPD（不満足者率）の関係

PMV＝0から離れるほどPPDの予測値の精度は悪くなる。中立に近い範囲（概ねPMVが−1〜＋1の範囲）で使用することが望ましい。ISO（国際標準化機構）の規定では、PPDが10%の範囲、すなわちPMVが−0.5〜＋0.5の範囲を建築物内における推奨域としている

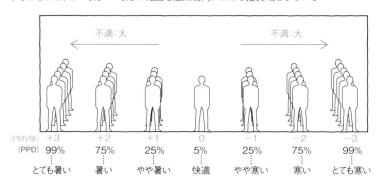

（PMV値）＋3	＋2	＋1	0	−1	−2	−3
（PPD）99%	75%	25%	5%	25%	75%	99%
とても暑い	暑い	やや暑い	快適	やや寒い	寒い	とても寒い

地球環境と建築設備

建物内における人々の活動を支える**建築設備**を日常的に使用するには、絶えずエネルギーを投入し続ける必要があります。電気やガス、石油燃料系の燃焼エネルギー、太陽光や風力などさまざまなエネルギー供給源がありますが、これらのエネルギー使用にあたっては人体や地球環境に有害な物質が排出されることもあります。建築設備設計者はこれらを常に意識しながら、可能な限りコントロールする意識を持って仕事を進める必要があります。

地球温暖化とオゾン層破壊のメカニズム

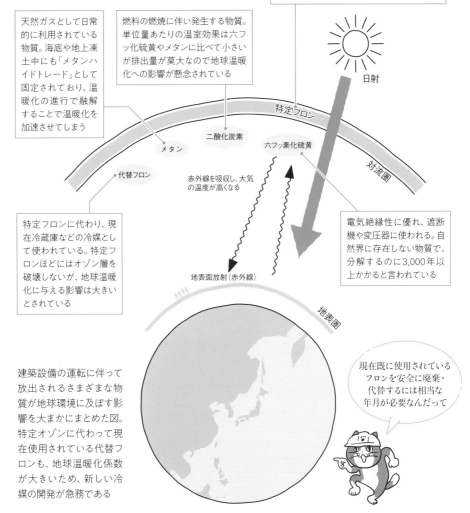

オゾン層を破壊するため、現在では全面的に使用禁止されている物質。以前は冷蔵庫やエアコンの冷媒として使われていた

天然ガスとして日常的に利用されている物質。海底や地上凍土中にも「メタンハイドトレード」として固定されており、温暖化の進行で融解することで温暖化を加速させてしまう

燃料の燃焼に伴い発生する物質。単位量あたりの温室効果は六フッ化硫黄やメタンに比べて小さいが排出量が莫大なので地球温暖化への影響が懸念されている

日射

特定フロン

二酸化炭素

メタン

六フッ化硫黄

対流圏

代替フロン

赤外線を吸収し、大気の温度が高くなる

特定フロンに代わり、現在冷蔵庫などの冷媒として使われている。特定フロンほどにはオゾン層を破壊しないが、地球温暖化に与える影響は大きいとされている

地表面放射(赤外線)

電気絶縁性に優れ、遮断機や変圧器に使われる。自然界に存在しない物質で、分解するのに3,000年以上かかると言われている

地表圏

建築設備の運転に伴って放出されるさまざまな物質が地球環境に及ぼす影響を大まかにまとめた図。特定オゾンに代わって現在使用されている代替フロンも、地球温暖化係数が大きいため、新しい冷媒の開発が急務である

現在既に使用されているフロンを安全に廃棄・代替するには相当な年月が必要なんだって

太陽光発電システム

省エネやパッシブを考えるとき、**太陽光発電**は欠かせないエコ設備のひとつ。太陽電池モジュールで太陽光エネルギーを吸収し、直流の電気に変える**エネルギー変換システム**です。この直流の電気をパワーコンディショナーと呼ばれる装置で電力会社から供給される電気と同じ交流に変換すると、家庭で利用できる電気になります。また、パワーコンディショナーは蓄電池への充電や売電などのため、電力を「安定した出力」に整えるための役割も果たします。余った電気は電力会社への売却が可能で、エネルギー源が無尽蔵で枯渇を考えなくてよいのが最大の魅力。発電プロセスにおいてCO_2排出もなく、騒音や振動もありません。ただし、気象条件により出力が変動するので注意が必要です。

太陽光発電に必要な機器

太陽電池モジュールは屋根置き型が主流だが、ビルディングなどでは壁設置型や窓ガラスを兼ねたものもある。一般家庭では3~6kWのモジュールを設置する。太陽電池モジュールの設置は、周囲に障害物のない広い南面が適している。真南に傾斜角度20~30°で設置するとよい

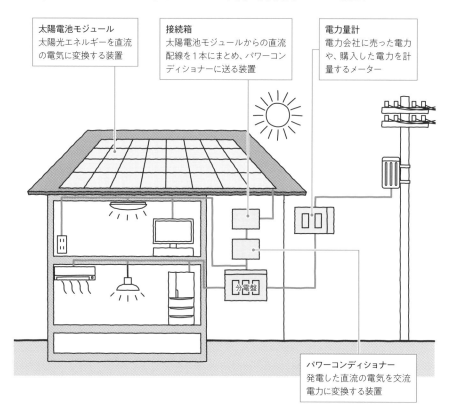

太陽電池モジュール
太陽光エネルギーを直流の電気に変換する装置

接続箱
太陽電池モジュールからの直流配線を1本にまとめ、パワーコンディショナーに送る装置

電力量計
電力会社に売った電力や、購入した電力を計量するメーター

分電盤

パワーコンディショナー
発電した直流の電気を交流電力に変換する装置

太陽電池モジュールの種類

現在流通している主な太陽電池は**シリコン系太陽電池**と**化合物半導体系太陽電池**である。現在のところ歴史の長いシリコン太陽電池が流通量の大半を占める状況だが、製造コストの面で強みをもつ化合物半導体系太陽電池も販売量を伸ばしている。太陽電池モジュールの寿命は、表面が強化ガラスで保護されているタイプで20年以上。パワーコンディショナーは10〜15年程度とされている

主な太陽電池モジュール

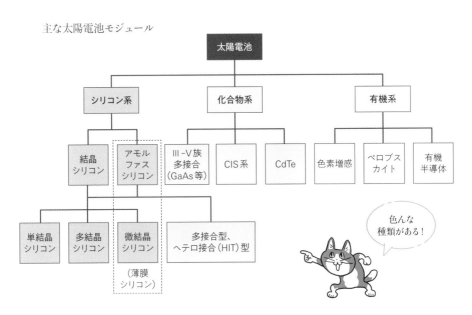

主な太陽電池モジュールの特徴

種類	シリコン系	化合物系（CIS系）	有機物系
特徴	・シリコンを溶かして再結晶化して製造するモジュール ・単結晶と多結晶に分けられ、現在の住宅における主流 ・単結晶はシリコン原子が規則的に並び高純度なのでシリコンのパワーを最大限生かせるが、割高 ・多結晶は低コストだが単結晶に比べて発電量が劣る ・近年は単結晶よりも高効率の商品もある	・発電素子の半導体材料に、シリコンではなく複数の物質を混ぜ合わせて使う薄膜の太陽電池 ・シリコン系に比べて温度上昇による発電ロスが小さく、影による影響が少ない ・銅（Cu）、インジウム（In）、セレン（Se）を原料とするCIS太陽電池、これにガリウム（Ga）を加えたCIGS太陽電池などがある	・有機物で構成された太陽電池 ・無機物であるシリコンで構成された太陽電池よりも安価に量産できると期待されている ・曲面にも施工でき、軽量で、さまざまな色の太陽電池がつくれる

太陽電池モジュールの設置には地方自治体からの補助金制度もあるので問い合わせてみよう！

太陽熱温水器（太陽熱給湯システム）

戸建住宅(寒冷地以外)のエネルギー消費量のうち、年間を通じてもっとも使用されているのは**給湯用エネルギー**だとされています。このエネルギー消費量を減らす手段として、**太陽熱を活用した温水器**の採用は非常に有効で、省エネにつながります。

太陽熱給湯システムの仕組み

太陽の熱を吸収し、温水をつくりだすシステム。太陽の熱を集める**集熱部**とお湯(水)を貯める**貯湯部**が一体となった構造である。不凍液が集熱部を循環して太陽熱を吸収し、熱交換機を通って水に熱を伝える。直接水を温めないため温水の用途を限定することもない。天候によって十分に暖めることができない場合には補助ボイラーを使用して暖める。また、熱交換機を使わない場合もある

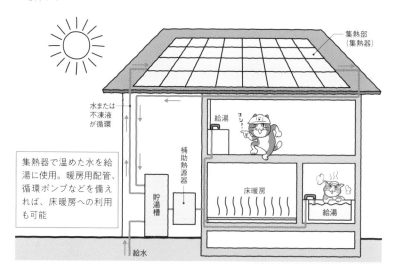

集熱部
（集熱器）

水または
不凍液
が循環

集熱器で温めた水を給湯に使用。暖房用配管、循環ポンプなどを備えれば、床暖房への利用も可能

給湯

補助
熱源器

ヨシ！

床暖房

給湯

貯湯槽

給水

太陽熱温水器の方式別比較

太陽熱温水器には**自然循環型**と**強制循環型**の2種類がある。下表にて特徴を比較した(それぞれのつくりは右頁で解説)

方式		機能	イニシャルコスト	多箇所給湯	バックアップ給湯器
自然循環型	開放型	給湯	◎	×	接続不可
	水道直圧型		◎	○	接続可
強制循環型	水道直圧型 (貯湯タンク)	給湯、浴槽追い炊き	○	○	貯湯タンクとバックアップ給湯器一体型が多い(ガス給湯器またはヒートポンプ)
		給湯、浴槽追い炊き、暖房	△	○	貯湯タンクとバックアップ給湯器一体型が多い(ガス給湯熱源器)

太陽熱温水器の種類と仕組み

広く普及している**自然循環型**には、**真空貯湯型**と**平板型**がある（図参照）。集熱パネルと貯湯タンクが一体になった構造で、電力も不要。自然対流の原理を利用して貯湯タンクに湯を蓄える。30〜50万円程度と比較的安価だが、貯湯タンクを屋根に載せるため設置時の加重を考慮する必要がある。**強制循環型**は屋根の上の集熱パネルと地上の貯湯タンクを分離して設置する。パネルとタンクの間に冷媒を循環して湯をつくり蓄える方式で、貯湯量が多く、高い水圧が確保できるがコストが割高である

自然循環型（真空貯湯型）
水道直圧型の一種で、集熱機の集熱部と貯湯部が一体になっている

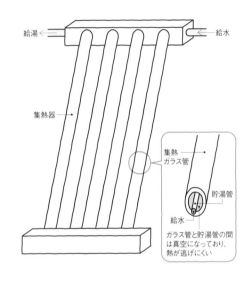

自然循環型にはさらに、タンクと給水栓の高低差を利用して給湯する「開放型」と、高い給湯圧力が確保できる「水道直圧型」があるよ

給湯 ← / → 給水

集熱器

集熱ガラス管
貯湯管
給水

ガラス管と貯湯管の間は真空になっており、熱が逃げにくい

自然循環型（平板型）
集熱パネルと貯湯タンクが一体になっているタイプ

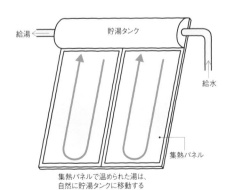

給湯 ←
貯湯タンク
給水
集熱パネル

集熱パネルで温められた湯は、自然に貯湯タンクに移動する

強制循環型
やや割高だが、冬でも湯温が上がりやすい。給湯だけでなく床暖房への利用も可能

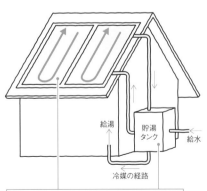

給湯
貯湯タンク
給水
冷媒の経路

貯湯タンクを地上に置き、屋根に置いた集熱パネルとの間で不凍液（冷媒）を強制循環させて湯を沸かす屋根への負担が少ない

パッシブソーラーシステム

パッシブソーラーシステムとは、ざっくりと言えば「機械に頼らず、太陽の熱エネルギーを有効利用して建物を暖める」方法を指します。主な仕組みとして**ダイレクトゲイン・トロンブウォール**があり、ともに太陽熱を蓄熱して暖房効果を得ます。ポイントは、「太陽熱をたっぷり吸収できる素材」。主にコンクリートや石、レンガなど**熱容量の大きな素材**が用いられます。

ダイレクトゲイン

日中、石などの熱容量の大きな床に蓄熱し、夜中に放熱させて暖房効果を得る仕組み。例えば、南に面した窓の直下～差し込む日射が届くあたりまでの範囲の床をコンクリートや石製にする。この床に蓄えた熱がゆっくりと放出され、日没後も室内を暖める

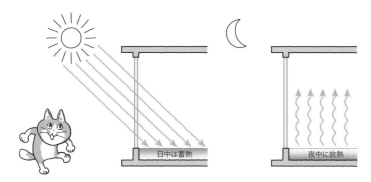

トロンブウォール

ガラス窓のすぐ近くに設置した熱容量の大きな壁のこと。建物の南に面する壁に、外面ガラス張りのコンクリート壁を組み込む等の仕様が一般的。日中はこの壁が蓄熱すると同時に、ガラスと壁の間に高温の空気が生まれ、対流が起きて室全体を暖める。日没後も蓄えた熱がゆっくりと壁から放出され、建物の中を暖め続ける

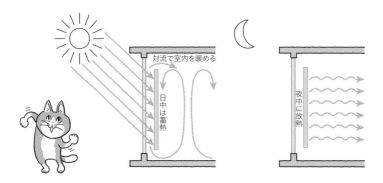

ソーラーチムニー・クールチューブ

地中熱の利用や重力換気でCO$_2$を抑制する、地球に優しいシステムをご紹介します。

クールチューブ（ヒートチューブ）

地中に通したチューブ内部の空気を夏季は冷却、冬季は加熱して屋外から室内へ供給するシステム。地盤面下0.6～3mほどの地中熱を利用するため、夏季は外気温度よりは低く、冬はわずかに暖かい程度のため、大量の熱交換は出来ない。熱交換の補助の一環としての使用や、シックハウス対策用換気量程度の風量を熱交換するのに有効。冬季利用（加熱）の場合、ヒートチューブと呼ばれる

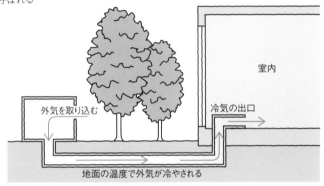

室内

外気を取り込む

冷気の出口

地面の温度で外気が冷やされる

ソーラーチムニー

太陽光の集光機能と風力を利用する開口をもった**排気筒（チムニー）**を建物の上に建てて排気するシステム。空気がこもりやすい場所の自然換気を促進する。クールチューブなどで地中の熱を利用したり、大きな給気開口を設けたりの方法で給気する。開口に自動制御機能を組み込むことで、時間や風雨や温度、湿度に応じた自然通風性能を実現できる

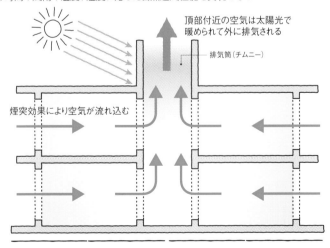

頂部付近の空気は太陽光で
暖められて外に排気される

排気筒（チムニー）

煙突効果により空気が流れ込む

照明設備の制御システム

かつては、照明設備において照明をON・OFFできる範囲は壁スイッチと照明器具をつなぐ配線によって決まっていました。それが2線式多重伝送システムによる照明制御の登場により、「壁スイッチ」と「照明回路」の間では自由な組合せが可能になりました。さらに照明器具個別制御システムや人感センサーの登場により、照明制御はもはやスタンダードになっています。

照明器具個別制御・集中管理システム

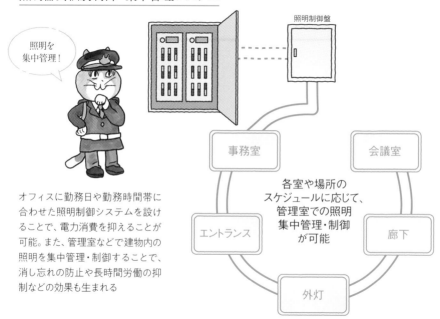

照明を
集中管理！

照明制御盤

事務室

会議室

エントランス

廊下

外灯

各室や場所の
スケジュールに応じて、
管理室での照明
集中管理・制御
が可能

オフィスに勤務日や勤務時間帯に合わせた照明制御システムを設けることで、電力消費を抑えることが可能。また、管理室などで建物内の照明を集中管理・制御することで、消し忘れの防止や長時間労働の抑制などの効果も生まれる

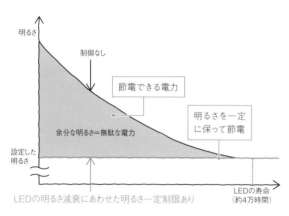

明るさ

制御なし

節電できる電力

明るさを一定
に保って節電

余分な明るさ＝無駄な電力

設定した
明るさ

LEDの明るさ減衰にあわせた明るさ一定制限あり

LEDの寿命
（約4万時間）

初期照度補正機能

使用機器は、調光用照明器具＋あかりセンサー。ランプ初期の照度を抑えることで、省エネを図る。センサーによる照度制御を行うため、日中は昼光を利用し、照明器具の明るさを抑える。LEDの寿命も延ばせるため、事務室、商業施設、外灯などの照明調光制御に使用することが多い

昼光利用制御

使用機器は、**調光用照明器具＋フォトスイッチ**（自動点滅器）。外光量によって照明のON・OFFを行う。昼間［消灯］、夜間［点灯］の動作に限らず天候の変化により、暗くなった場合にも自動的に点灯。季節の変化にも対応可能で、年間通して自動運用による省エネにもなる。昼光利用を行うため、初期照度補正器具よりもさらに省エネを図ることも可能

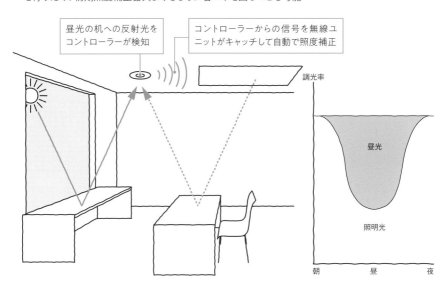

昼光の机への反射光をコントローラーが検知

コントローラーからの信号を無線ユニットがキャッチして自動で照度補正

調光率

昼光

照明光

朝　　　　昼　　　　夜

人感センサー（電波式）の仕組み

センサーから発せられたマイクロ波（24GHz帯）は、反射・透過しながら空間内を進行するが、体に当たり反射した電波をセンサー内蔵のアンテナにて受信する。電波を反射させた物体が移動していた場合、発信した電波と受信した電波との間に物体の移動速度に応じた周波数の変化（ドップラー効果）が生まれる。この送信波と反射波の周波数差を利用して、人の移動やドアの開閉を検知する

人（熱線）センサー

赤外線

赤外線　　赤外線

温度差

人の動き

検知範囲

移動

人検知

送信波

反射波

ドップラーモジュール

外気冷房方式

外気冷房方式とは、中間期や冬期でも冷房が必要な場合、低温の外気を空調機に導入し、**冷凍機を運転することなく室内を冷房する省エネルギーな空調方式**のことです。大型店舗やデータセンターなど、内部発熱が大きい建築物ほど、省エネルギー効果が大きいとされています。また、在室人数が少ないなどの理由で元々の必要換気量が少ない建築物ほど、外気冷房を導入した際の効果は大きくなります。ただし冬期においては、乾燥した空気を導入するため加湿負荷が増加します。

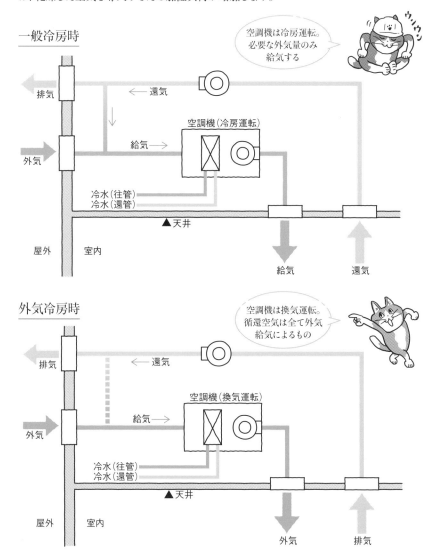

一般冷房時

空調機は冷房運転。
必要な外気量のみ
給気する

排気

還気 ←

空調機（冷房運転）

外気

給気 →

冷水（往管）
冷水（還管）

▲天井

屋外　室内

給気　　還気

外気冷房時

空調機は換気運転。
循還空気は全て外気
給気によるもの

排気

還気 ←

空調機（換気運転）

外気

給気 →

冷水（往管）
冷水（還管）

▲天井

屋外　室内

外気　　排気

モリエル線図

モリエル線図（p-h線図とも呼ぶ）は、冷凍機内の冷媒の状態の変化を可視化したグラフです。冷凍機の設計や運転管理などの際、モリエル線図が重要な役割を果たします。

モリエル線図の読み方と仕組み

縦軸は対数目盛で圧力（p）を表し、上に行くほど圧力（MPa）が高くなる。**横軸は比エンタルピー（h）** で、冷媒の質量1kgあたりが持つエネルギー（kJ/kg）を表す。馬蹄形内部は、冷媒が気液混合の状態で、カーブの左側は冷媒が液体の状態を、カーブより右側は気体の状態を表す。このグラフに、冷媒の温度、乾き度、比体積、およびエンタルピーを同時表示しており、いずれか2つの状態量が決定されれば、残りの状態量も自動的に決定されることを表す。モリエル線図は冷媒ごとに異なるので、使用する冷凍機に応じて適切な線図を用いること。空調設計では、冷凍機のCOPをあまり低くしないことが大切である

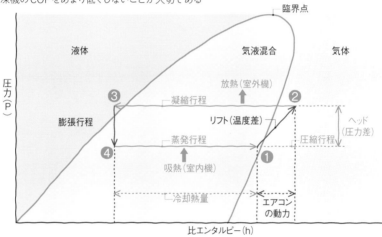

冷凍サイクルにおける圧力と比エンタルピーの状態変化

モリエル線図と合わせて右図（冷凍機の仕組み図）を参照のこと

④→① グラフの下で、点が左から右に移動。冷媒を蒸発させ、冷たい風を作る
①→② グラフの右に、点が右上がりで移動。冷媒ガスを圧縮し、高温・高圧の冷媒ガスになる
②→③ グラフの上で、点が右から左に移動。冷媒を凝縮させる。空気に熱を受け渡して暖かい風をつくる
③→④ グラフの左。液体の冷媒の圧力と温度を下げ、膨張させて次の蒸発に備える

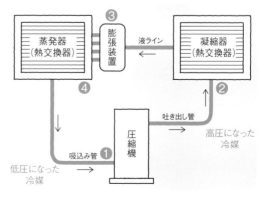

蓄熱システム

蓄熱式空調システムによって昼間のピーク時間帯に使われる電力を夜間へ移行すると、電力の負荷を平準化できます。空調は事務所建物の電力消費の半分以上を占めており、夏や冬の昼間時間帯における電力増の主要因です。空調にヒートポンプ・蓄熱システムを導入することで、昼間の空調に必要な冷熱の半分を蓄熱でまかなった場合、昼間の最大電力を約2割削減できます。

蓄熱槽の設置場所

蓄熱式空調システムは、熱源機器と二次側の空調機との間に蓄熱槽を設け、熱源機器と空調機器を別々に切り離した開放回路方式である

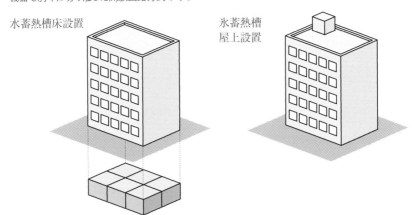

水蓄熱槽床設置

氷蓄熱槽
屋上設置

蓄熱運転パターンの例 (夏季・氷蓄熱の場合)

熱の製造と消費をリアルタイムで合わせる必要がないため、都合のよい時間帯に熱をつくりだし、蓄えておける

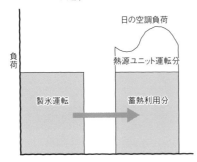

ピークシフト運転

日の空調負荷

負荷

熱源ユニット運転分

製氷運転　蓄熱利用分

空調時間の全域において一定の割合で蓄熱を利用し、日中の空調電力をシフトする

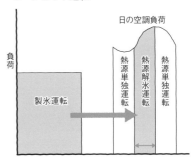

ピークカット運転

日の空調負荷

負荷

製氷運転

熱源単独運転　熱源解氷運転　熱源単独運転

蓄熱を空調時間の特定の時間帯に集中して利用し、消費電力のピーク時に空調電力をカットする

水蓄熱システム

一般に、地下空間を水蓄熱槽として使用する。蓄熱槽の水は火災時の消防用水や災害時の生活用水としても使用可能である

一つの配管系統により水を循環させる方式　　水-水熱交換機を用いる方式

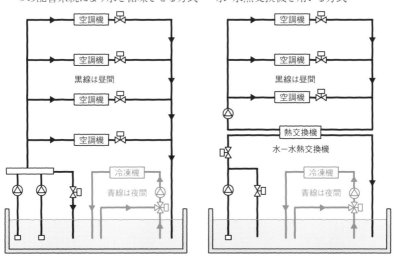

氷蓄熱システム

水の代わりに氷で蓄熱するシステム。蓄熱熱源機、氷蓄熱槽をユニット化すれば、屋上や地上などに設置可能。氷蓄熱の最大の長所は、水に比べて蓄熱槽容量を小さくできることである。そのため、都市部のように空調機械室面積が限られている場合などに適している

スタティック(静止)型・外融式　　　　スタティック(静止)型・内融式

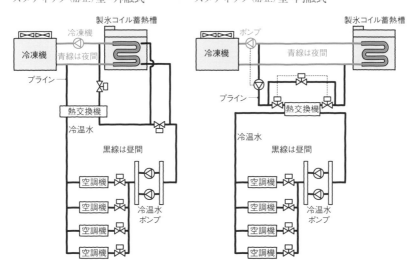

コージェネレーションシステム

1種のエネルギー（ガスなど）から電気や熱など2種以上のエネルギーを同時に取り出すシステムを**コージェネレーションシステム**といい、国内では**コージェネあるいは熱電併給**と呼ばれることもあります。コージェネには内燃機関（ガスエンジン、タービン）や燃料電池で発電し、その際に発生する熱を活用するシステムと、蒸気ボイラーと蒸気タービンで発電し、蒸気の一部を熱として活用するシステムがあります。国内では主に内燃機関による方法が用いられていますが、一部熱供給を伴う大型発電所や木質系バイオマス・コージェネにおいて**ボイラー・タービン方式**も見受けられます。

ガスコージェネレーションシステムの例

内燃機関を用いるコージェネレーションシステムの燃料にはガスや重油、灯油などがあるが、ここではガスコージェネレーションシステムの仕組みを図解する。クリーンな天然ガスを燃料としてエンジンやタービンなどの原動機を動かし、その際に発生するエネルギーで発電機を駆動して電力を発生させる。同時に排熱を回収し、給湯や冷房、暖房などにも生かすことができる

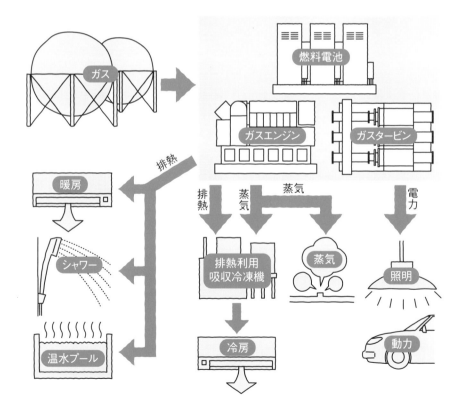

住宅で使えるコージェネレーションシステムの例

家庭用のコージェネレーションシステムとしては、都市ガスなどを燃料にして電気と湯を同時につくり出す**エネファーム**（家庭用燃料電池コージェネレーションシステム）がある。燃料電池とは、水の電気分解の逆反応の原理を利用したもので、水素を燃料として電気をつくり出すことができる。燃焼を伴わず、酸性雨の原因となる窒素酸化物やCO_2もほとんど発生させないため、環境にやさしい。発電時に排出するのは主に水のみで、これは燃料改質時の水蒸気として利用される。エネファームの発電能力は700〜750 Wで、稼働させると電気と熱が発生する仕組み。電気は家庭内の電源、熱は湯をつくるために使われる。発電時の排熱も利用するため、総合的なエネルギー効率は80％程度と高く、家庭に導入できる発電システムとしては最新の設備と言えるだろう

エネファームの仕組み

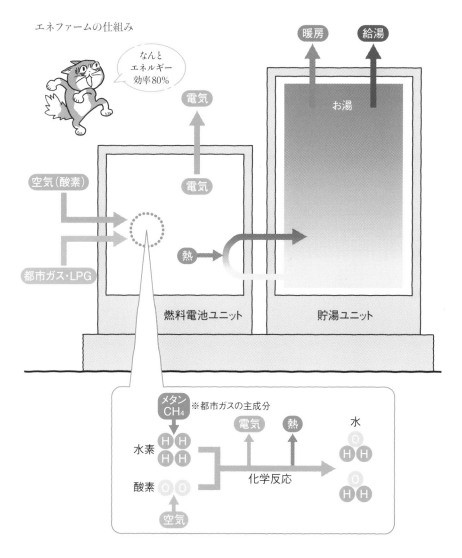

フリークーリングシステム

フリークーリングとは、中間期・冬期など外気温度が低い時期に、冷凍機を使用せず冷却塔を熱源として利用するシステムで、**冷却塔フリークーリング**と呼ばれることもあります。冷却塔に比べて冷凍機の運転には多くのエネルギーを消費するため、冷凍機を使用しないフリークーリングは、年間冷房が必要な建物に有効な省エネルギーシステムです。また、OA化の進む事務所ビルやデータセンターなどでも注目されています。

フリークーリングの仕組み

生産機器からの放熱を処理するために、工場等では年間を通じて昼夜問わず冷房が必要である。従来は冷水（工場内の空気を冷やすための水）を製造する冷凍機と、冷却水（冷凍機からの排熱を大気に放出するための水）を製造する冷却塔の両方を年間通じて運転していた。しかし、外気温が低くなる時期は冷却水の温度も低下する。フリークーリングシステムなら、冷却塔から空気調和機にダイレクトに冷却水を共有できる

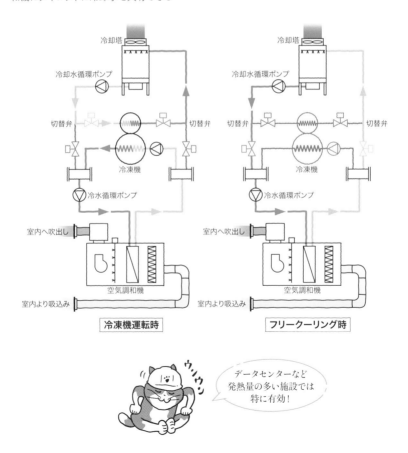

データセンターなど
発熱量の多い施設では
特に有効！

第 **6** 章

建物の用途別設備設計と運用

我々の暮らす社会には、住宅やオフィスのみ
ならず、学校や図書館などさまざまな建築物
があります。この章では、用途別に建物の設
備設計の基本知識を解説します。

幼稚園・保育所の配置計画と建築設備

就学前の子供に幼児教育と保育を提供し、また地域の子育て支援を行う幼稚園と保育所。それぞれ、立脚する法律体系や管轄の庁が異なりますが、施設設備計画の仕様はほぼ共通です。特に広さとトイレの設えがポイントになります。

乳児室・ほふく室・保育室

満2歳未満児のために設けられる乳児室とほふく室。特にほふく室は1人あたり2畳（3.3㎡以上）が必要。2歳以上は保育室（1.98㎡以上）に移るが、3歳児は社会性が未発達で集団活動ができず1人遊びが多いので、4歳・5歳児よりも1人あたりの面積を広く取ることが望ましい

それぞれの室の兼用 　乳児室とほふく室は兼用してよいが、乳児室と保育室は分ける必要がある。また、遊戯室（プレイルーム）は保育室と兼用可。単独で設ける場合、100㎡程度（以上）の広さが望ましい

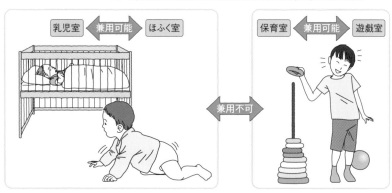

トイレや洗面所の寸法

幼児のトイレは保育室に接する配置とする。3歳未満児のトイレには介助が必須のため仕切りなどを設けない場合が多い。3歳頃から羞恥心が芽生えるので、大人が見守れる高さの扉や仕切り（高さ100～120cm）が必要になる。便器の数は、大便器および小便器それぞれ、園児20人あたり1個程度を基本とする。手洗いも子供の身体寸法を考慮して設ける

幼児用トイレブースの寸法例

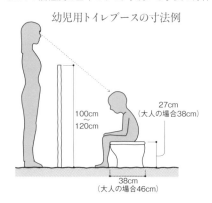

100cm
～
120cm

27cm
（大人の場合38cm）

38cm
（大人の場合46cm）

幼児用手洗いの寸法例

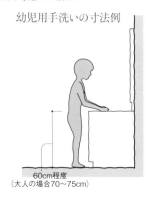

60cm程度
（大人の場合70～75cm）

小・中・高校の計画と照明設備

学校の運営方式は現在、小学校は総合教室型、中学校は特別教室型が主流といえます。フレキシブルな学習のためのオープンスペースを設ける計画もかなり一般化しました。教室の天井高は、2005年以前は3.0m以上が必要でした。今はその制限は取り払われていますが、現在でも広さ、高さとも余裕を持たせた設計とする場合が多いようです。授業にあたり教室の明るさは重要なので、採光・照明計画もポイントになります。

学校の運営方式の区分

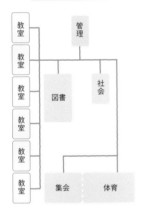

総合教室型
体育以外のすべての教科の授業を各学級の教室（ホームルーム）で行う形式。授業ごとに校舎内を移動する必要がほとんどないので、学校に慣れていない小学校低学年に適している

特別教室型
音楽や家庭科など特別な設備が必要な教科の授業は特別教室で行い、そのほかの授業は各学級の教室で行う。中学校や高等学校で多く採用されている

教科教室型
全教科の授業を専用教室で行う。毎時間の移動が必要なので小学校での採用例は少ない。教室の稼働率は高くなるうえ、専門性を生かして教育内容を充実できる利点があり、中学校以上の採用が主である

普通教室の広さと採光・照明計画

一般的に普通教室の面積は、40人教室の場合7×9m（児童1人あたり1.6㎡程度）を基準としているが、近年はゆとりを持って設計することが多い。出入口は2ケ所以上必要で、引戸とする。採光については、教室の床面積の1/5以上の採光面積が必要（建築基準法令第19条）。さらに廊下側の採光と蛍光灯を併用することで一様な光環境を整えることができる

200lx以上の照度が確保できる照明設備を配する場合、有効採光面積は床面積の1/7でよい

小・中・高校のトイレ計画

学校は、学年ごとのゾーニングにあわせて配置します。便器の数は、休み時間に利用者が集中することを十分考慮して算定する必要があります。以前は和式便器が主流でしたが、近年では生活様式の変化やユニバーサルデザインの観点からも洋式便器が採用されており、ウォシュレットやウォームレット、自動水栓なども当たり前の設備になりつつあります。

トイレ（大便）ブースのサイズ

一般的に洋式便器のトイレは扉を内開きに設けることが多く、便器に扉が当たらないように奥行きを深めに取る必要がある。多目的トイレを設ける必要がある場合、突き当たりの空間を利用すると、限られたスペースを有効に使うことができる。トイレスペースの寸法基準は右図参照

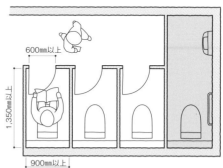

600mm以上
1,350mm以上
900mm以上

中学校トイレの適正算定方法

トイレの適正器具数を把握するには、一般的に「衛生器具の適正個数算定方法(1)～(8)」(空気調和・衛生工学会)が用いられる。以下の計算式で利用人員を算出し、グラフにあてはめることで、トイレの設置場所ごとに想定される利用人員を基準として「適正器具数」を決める。ここでは中学校のトイレを例に解説する

計算式

学級定員と学級数からトイレ1ケ所あたりの対象人数を想定する

学級定員　　：□□□人／学級
対象学級数　：□□□学級
対象人数　　：学級定員×対象学級数＝□□□人
男女比　　　：□□：□□→男子□□人：女子□□人

※男女それぞれの利用人数を算定グラフにあてはめ、必要器具数を導き出す。トイレが1フロアあたり2ケ所以上にわかれて配置される場合は、利用圏を設定し、利用人数は多少重複して見積もる

サービスレベル

トイレの待ち時間に対する利用者の意識や評価から3段階のレベルを設定したもの。学校など限定利用型(休み時間など特定の時間に利用者が集中する)の場合、待ちの行列が発生することを前提にレベルが設定されている

レベル1…約80%の人が許容し得る最大待ち時間
レベル2…約50～60%の人が許容できる最大待ち時間(標準的な器具数)
レベル3…約40%の人が許容し得る最大待ち時間

中学校の適正器具数

限定利用型の中学校では、下記のグラフと左頁の計算式を元に適正器具数を算出する

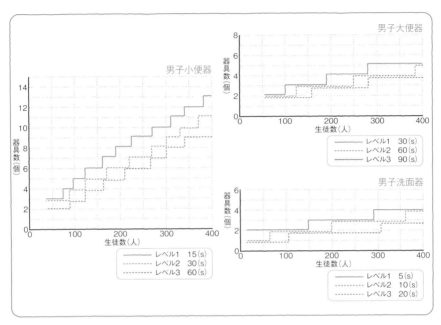

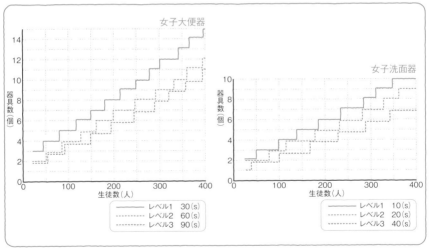

※「衛生器具の適正個数算定方法（1）～（8）」（空気調和・衛生工学会）から抜粋

毎日必ず
使う場所だから
しっかり配慮しよう！

図書館の配置計画と建築設備

図書館の延床面積の規模は概ね蔵書数で決まっており、50冊／㎡程度。実際の図書閲覧室にはもっと多くの書籍が収蔵されますが、延床算定の基準として知っておきたい数値です。良好な資料保存環境の維持には、常時空調が求められます。極度の乾燥や結露は本の大敵なので、概ね温度22℃前後かつ湿度60%前後をキープする必要があります。空調方式はダクト式を基本とし、冷温水配管からの水漏れによる図書への被害が想定される天井付ファンコイルユニットは用いられません。閲覧室は原則日中のみの使用になるので、蓄熱システムで全館の省エネルギーを図りながら、部分的にエアコンを併用するなどの方法も検討するとよいでしょう。

図書館システムのつながり

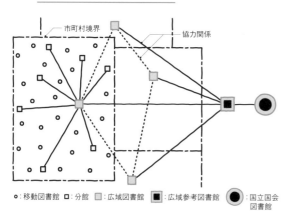

● : 移動図書館　□ : 分館　☐ : 広域図書館　■ : 広域参考図書館　◉ : 国立国会図書館

図書館には、国立国会図書館などの公共図書館や学校図書館、移動図書館などの種類がある。市町村レベルで資料収集、保存、貸し出しなどの住民サービス拠点となる公共図書館を**地域図書館**、専門図書の収集など地域図書館を支援する立場（県立図書館規模）の図書館を**広域参考図書館**と呼ぶ。また、図書館にアクセスしにくい地域などに積極的に図書サービスを提供する活動を、**移動図書館**あるいは**ブックモビル**といい、島しょ地域などに対しては船を用いることもある

開架書架と閉架書架

図書館の書庫の管理方式には利用者が直接書棚の本を手に取る開架式と館員の方に取り出してもらう閉架式がある。管理の厳しい資料は閉架書架に収蔵される

開架書架
利用者が直接アクセスできるオープンな書架。座って本を読める椅子なども設置するとよい

閉架書架
利用者の要求に応じて職員が書庫から出納するシステム。電動式などの場合も

平面と寸法の例

開架式と閉架式を書架部分で比べると、一般的に開架式は180冊／㎡程度、閉架式は270冊／㎡程度（開架式の約1.5倍）の収蔵能力である。地域図書館や児童向け図書館では開架式を採用することが多い。閉架式は主に貴重な資料を多く扱う規模の大きな図書館で採用されている

開架式

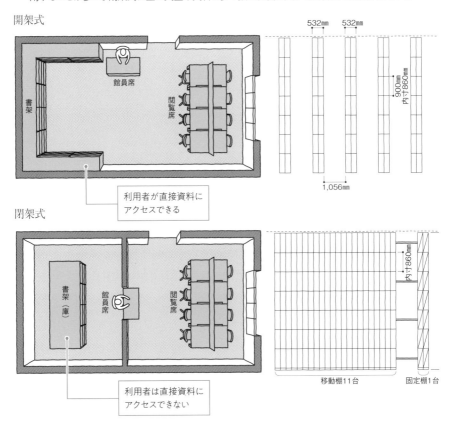

利用者が直接資料にアクセスできる

532mm 532mm

900mm 内寸860mm

1,056mm

閉架式

利用者は直接資料にアクセスできない

内寸860mm

移動棚11台　　　固定棚1台

主なライブラリーグッズや設備

ここでは図書館専用の家具や設備を紹介する

ブックトラック
本や資料は重いので、運搬に役立つ車輪付きの台。返本台や展示台などさまざまな用途で使われる

1,165mm

400mm　800mm

閲覧テーブル（キャレル）
閉鎖性の高い個席。落ち着いて利用できるので、研究者などが多い専門図書館などで主に設置されている

BDS（ブックディテクションシステム）
主に図書館で導入されているセキュリティシステム。貸出処理をしていない書誌を持ち出そうとするとアラームが鳴り知らせてくれる

博物館・美術館の計画と建築設備

博物館や美術館では、筆書きの要領で観客が全展示空間を巡回できるよう配置を計画します。1回の鑑賞の移動限界を400m（壁面）程度と考え、それより短いインターバルで適当な位置に休憩スペースを確保します。言うまでもなく、観客の動線と管理部門の動線とが交差しないよう配慮します。**パノラマ型**（全景展示）、**ジオラマ型**（立体模型展示）、**アイランド型**（島状展示）などを組み合わせた展示方法により、観る人が飽きないよう工夫します。また、採光や照明、空調計画なども重要なポイントになります。

主な巡回形式

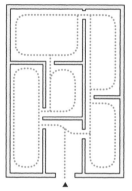

接室順路形式
各室を直接接続する形式。動線が単純でわかりやすいが動線が分断されるため小規模展示に適する

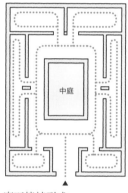

廊下接続形式
各室を廊下に接続してつなぐ形式。動線が固定されず、一室のみ閉鎖することも可能だが廊下が延長されるため広い面積が必要。大規模展示に適する

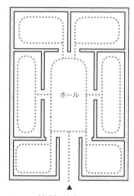

ホール接続形式
各室を中央のホールに接続してつなぐ形式。動線が固定されず、一室のみ閉鎖することも可能。中規模展示に適する

空調計画ほか

美術品の保全と観客の快適性、それぞれの観点から十分な検討が必要。ケース内では美術品に結露水などの影響が出ないよう、吹出し口の向きや形状も慎重な計画が求められる。展示空間はいくつかのエリアが連続して大空間になる場合もあるため、極端な気流感のない均一な環境になるよう配慮して設計する。天井高が高い場所は、気温のコントロールに加えて放射暖房などの活用も検討する。また、美術品の搬入の際には荷解き室で開梱した後、燻蒸室でカビや害虫をガス消毒した後収蔵庫に搬入する。収蔵庫は外気と完全に縁を切るために壁体を二重にし、二重壁の内部を常時空調する

採光・照明計画

展示物がガラスケース内に展示される場合、ガラス面での反射グレアへの配慮が必要。観客の影が展示物にかからないよう、適宜配置を検討する。また、色温度や演色性に十分考慮しながら照明器具を選定する。展示物によっても求められる照度が変わるので注意

洋画
壁面展示の照度は300lx以上が望ましいとされる

日本画
光で劣化しやすい和紙などに描かれているため、壁面展示の照度は〜150lx程度が望ましいとされる

展示物観賞時の視距離の目安

壁面の絵画は、一般的に対象画面の対角線距離の1~1.5倍程度
離れた場所から観賞することが適当であるとされる

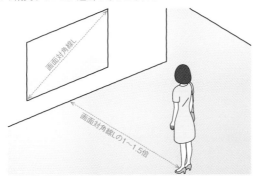

壁面展示物の照らし方

美術館や博物館では一般的に壁面に展示物が掲げられるため、壁面を照らすウォールウォッシャー照明やスポットライトが使用されることが多い。照明器具は、特に演色性の観点からハロゲンランプまたは白熱電球、高演色蛍光灯を採用することが多いが、近年は省電力の観点からLEDランプも多用されている

ウォールウォッシャー照明

壁面を均一に「流れるように」照らす照明
手法。天井に面した壁の上部から美しく光
が広がり、ムラなく壁面（展示物）を照らす。
天井面をすっきりと見せられるのも魅力

スポットライト照明

個々の展示物に合わせて照度や光の加減
を調整できる。また、特定の作品に光を当
てることで視線を集め、狭い空間でも奥行
きを感じさせる効果も生まれる。天井面に
機械を設置するため、照明器具が目立つ
のがややデメリット。また、効果的に照射
するには経験と技術が必要になる

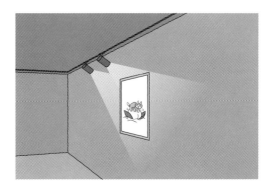

病院・診療所の計画と建築設備

一般的に、医師が病人やけが人などの診察・診療を行う医療施設を「病院」と呼びます。医療施設は厳密にいえば入院患者数により名称が変わります。無床もしくは19人以下は診療所（クリニック）、20〜199人は一般病院、200人以上は地域医療支援病院もしくは特定機能病院とよばれます[※]。病院では**全館24時間空調が求められる**ほか、医療機器の消毒や温浴設備などへの**熱需要が常にある**ため、設備計画は重要です。もちろん、医療機器の電力需要も大きいわけですので、**コージェネレーションが有効に機能しやすい施設**といえます。また、大規模病院では医療用機械自体が極めて大型であったり、機器の動作のための電力供給設備の充実が求められたりします。そのため設備専用階（ISS）を計画する場合もあります。

病院の構成例

一般病院以上の規模の場合、外来診療部、中央診療部、病棟部、供給部、管理部、の5部門で構成されている。延床面積の割合は、入院患者が収容される病棟部が概ね4割、それ以外はざっくり均等割りぐらいのイメージで検討する。外来部は、近年プライバシーへの配慮が進み、精神科や産婦人科の出入口が一見わからないようにしたり、待合エリアから診察中の声が聞こえないようにしたりなどの配慮が求められる。供給部は、主に手術室への物品供給を一元管理（SPD方式）で行う中央材料室と電気・機械室を指す

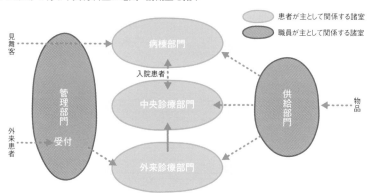

患者が主として関係する諸室
職員が主として関係する諸室

見舞客
入院患者
外来患者
物品

病棟部門
中央診療部門
供給部門
管理部門
受付
外来診療部門

患者が主として関係するゾーン

病棟部の設え

病棟部の基準階に注目すると、多くの場合基準階中央部分にスタッフステーションが配置され、そこから翼状に病室群が配置されている。ステーションのスタッフは、1チーム10数名程度でチームを組み、そのフロア内の概ね40床程度のまとまりを1チームでケアする。この1チームを「看護単位」と呼ぶ。病室の広さも定められている

病室の床面積

1床あたりの最低基準面積が定められている。各病室の広さは1床あたり6.4㎡以上と定められている（小児だけを入院させる病室の場合はその2/3以上）

	個室	2人室以上
一般病床	6.4㎡以上	6.4㎡以上
小児病床	6.3㎡超	6.4×2/3㎡以上
療養病床	6.4㎡以上（病室は4床以下）	

病室の形態と寸法

入院するための病室は4床室が主流だが、近年ではプライバシー重視のため個室の希望も増えている。4床室ではベッド間を1.0m以上離しキュービクル、カーテンで仕切れるようにする。出入口の幅はストレッチャーの搬入出のため1.2m以上の引戸に。廊下はストレッチャーが当たってもよいように、60〜75cm程度の位置に保護レールが付けられている

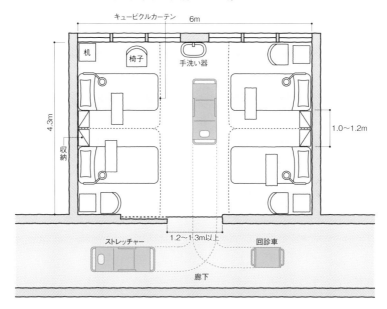

ストレッチャーなどの寸法例

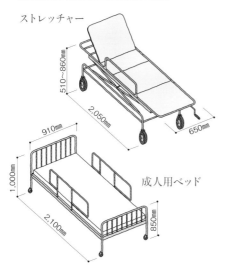

ストレッチャー

成人用ベッド

寝台用エレベーターの寸法例

病棟部の寝台用エレベーターは通常15人乗りで、間口1.5m以上、奥行き2.5m以上、出入口1.2m以上を確保する

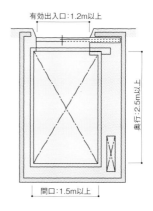

※ 都道府県知事の承認が必要

宿泊施設の計画と建築設備

一般にホテルと呼ばれる宿泊施設は主に、宿泊主体のビジネスホテル、宿泊の他宴会や料飲の機能を持つシティホテル、観光地や保養地のリゾートホテル、地方都市のターミナルや商業地域周辺に立地する中規模のコミュニティホテルの4つに分けられます。延べ面積に対する客室面積の割合はこの順に高く、それぞれ概ね70%、50%、50%、30%程度です。

ホテルのゾーン分けとつながりの例

ホテルのゾーンは、主に客側に属する**宿泊ゾーン**、パブリックゾーン（ロビーや宴会場、レストラン、スポーツクラブ、大浴場など）と、**ホテルの従業員側に属するゾーン**（リネン室や厨房などのサービス部門や、フロントや事務室などの管理部門）に大別される。客室以外、すなわちロビーや飲食、店舗、管理部門諸室をまとめて**ポディアム部門**と呼ぶ場合もある

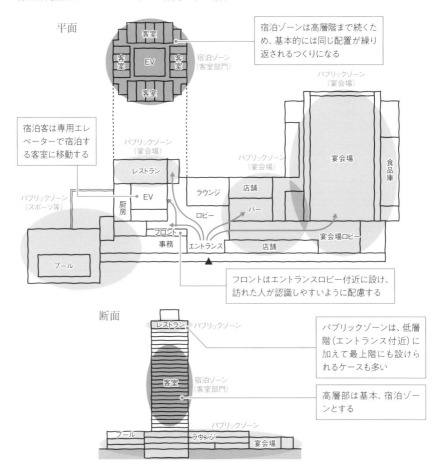

平面

宿泊ゾーンは高層階まで続くため、基本的には同じ配置が繰り返されるつくりになる

宿泊客は専用エレベーターで宿泊する客室に移動する

フロントはエントランスロビー付近に設け、訪れた人が認識しやすいように配慮する

断面

パブリックゾーンは、低層階（エントランス付近）に加えて最上階にも設けられるケースも多い

高層部は基本、宿泊ゾーンとする

客室の基本レイアウト

客室の最低面積は旅館業法により決められており、最低9㎡。シティホテルクラスではシングルルームは1室18㎡、ツインルームは30㎡程度が一般的である。天井高は2.4～2.8m程度が落ち着く高さとされている。トイレ付きユニットバス、テレビ、電話などの各種設備を各室に設ける必要がある。各室の排水をある程度横引きでまとめてから排水竪管でおろすことや、天井裏の空調ダクトなども考え合わせると、ある程度の階高が必要になる。建物の建設コストが極端に膨らむことを避ける意味で、PSを分散配置して横引き排水の距離を短くする方法も用いられる

シングルルームの例

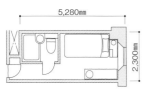

約12㎡程度のコンパクトな配置例。ビジネスホテルで多く採用される間取り

ツインルームの例

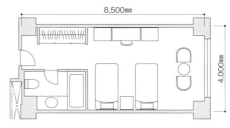

30～35㎡程度の広さが多い

バリアフリー客室の基本レイアウト

床面積2,000㎡以上かつ客室総数が50室以上の宿泊施設を建築する場合、建築する客室総数の1%以上の車椅子使用者用の客室を設ける必要がある。出入口やトイレの入口の幅は車椅子が通れるように80cm以上とし、適切な位置に手すりなどを配置する必要がある

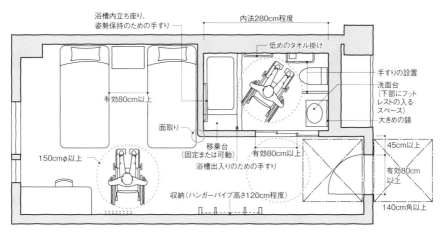

スロープなどで段差をなくす配慮も必須！

劇場・ホールの計画と建築設備

劇場の中でも、オペラ劇場、歌舞伎劇場、あるいは映画館などは「演目に特化させた劇場」です。一方で、多様な公演を行い、ある程度のフレキシビリティを目指した「多目的ホール」もあります。一般に観客は、エントランスからチケットチェックを受けて一旦ホワイエに入り、さらに客席に入るという動線で動きます。演者は楽屋口から楽屋、舞台に上がります。最近は「3密を避ける」という観点から、客数を大幅に減らして上演することも日常となっています。

劇場・ホールの形状

舞台と客席の関係は、大別すると客席と舞台の間に額縁（プロセニアムアーチ）を持つ**プロセニアム形式**か、客席と舞台が同じ空間内にある**オープン形式**の2種である。そこからさらに分類される

プロセニアム形式

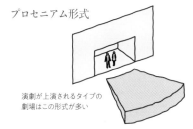

演劇が上演されるタイプの
劇場はこの形式が多い

オープン／アリーナ形式

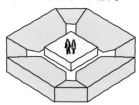

ひとつの空間に舞台
と客席が納まり、中
央の舞台を取り囲
んで客席がある舞
台形式

オープン／エンドステージ形式

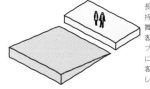

長方形の平面を
持つ空間の一辺を
舞台とし、逆側に
客席を設ける形式。
プロセニアム形式
に近いが、舞台と
客席を明確に区分
しない

オープン／スラストステージ形式

舞台の三方を客席が
囲む形式

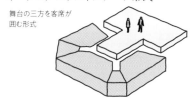

舞台のつくり

舞台の床は客席よりも
1mほど高く設置される。
また舞台装置として奈
落なども設計する必要
がある

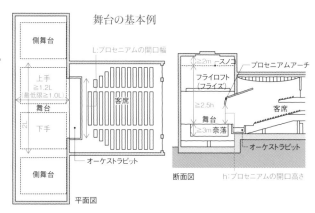

舞台の基本例

座席の寸法とバリアフリー配置

客席の1席あたりの幅は50cm程度、奥行は100cm程度が一般的。また、全席数の1%程度を車椅子使用者の客席とする。客席の天井高は平均14〜18m程度で、1人あたりの気積は多目的ホールで8㎥、音楽専用ホールで10㎥程度が必要とされる。劇場の客席側の空調は、通常は空間上部に吹出口、空間下部にマッシュルーム型の吸込口を設ける[29頁参照]。また、客席の観客は、座席下や床面の客席誘導灯により出入口方向を認識する。客席誘導灯の床面照度は0.2lx以上で、バッテリーの持ち時間は20分以上と決められている

バリアフリー配置の例

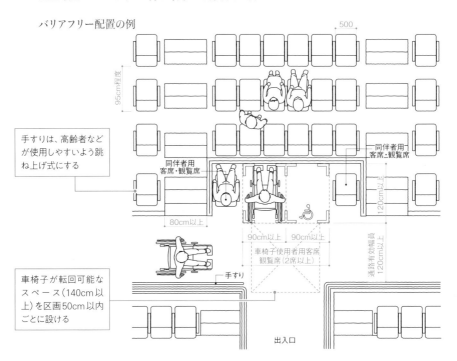

手すりは、高齢者などが使用しやすいよう跳ね上げ式にする

同伴者用客席・観覧席

同伴者用客席・観覧席

車椅子が転回可能なスペース（140cm以上）を区画50cm以内ごとに設ける

80cm以上

90cm以上　90cm以上
車椅子使用者用客席
観覧席（2席以上）

120cm以上

通路有効幅 120cm以上

手すり

出入口

音響計画

演目によらず、無用な反射音（エコー）を防ぐことが大前提。特に音楽ホールでは音響障害を避けるため、客席の後方を吸収率の高い材料で仕上げるとよい。また、残響（リバーブ）のコントロールも重要。最適な残響時間は、その空間の用途と体積により推奨値が決まる（右図参照）。講演を主体とするホールなら残響を抑え、音楽を主体とするホールなら残響が豊かになるよう設計する

500Hzの最適残響時間

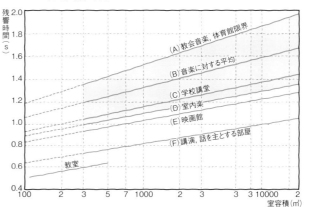

(A) 教会音楽、体育館限界
(B) 音楽に対する平均
(C) 学校講堂
(D) 室内楽
(E) 映画館
(F) 講演、話を主とする部屋
教室

残響時間（s）
室容積（㎥）

マンションの区分と建築設備

マンション内の各エリアは、専有部と共用部に分けられています。専有部は、「建物の区分所有等に関する法律」に基づいて所有者の所有権の及ぶ範囲が決まる「区分所有」という考え方に基づいてマンション購入者が所有している部分です。専有部以外のすべての箇所は共用部で、この範囲を変更する場合は区分所有者の4分の3以上の同意が必要です。また、マンションの建て替えには5分の4以上の同意を必要とします。

マンションの共用部一覧

専有部以外のすべての部分が共用部で、区分所有者の共有財産である。建物の外観に関係する箇所は共用部。各住居の窓や玄関ドアの外側も共用部になる。専有的に使用できるベランダや専用庭、ポストなども「専有使用権が設定された共用部」になるので注意

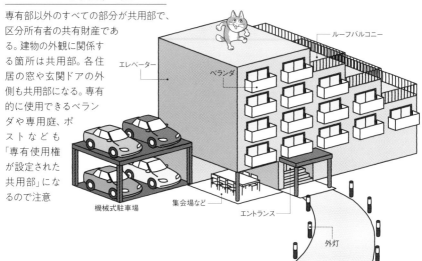

ルーフバルコニー
エレベーター
ベランダ
機械式駐車場
集会場など
エントランス
外灯

マンションの電力供給

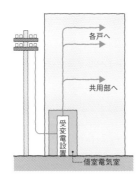

全住戸＋共用部の契約電力が50kW以上の場合

各戸へ
共用部へ
受変電設備
借室電気室

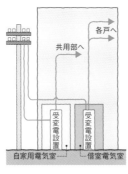

共用部のみで契約電力が50kW以上の場合

各戸へ
共用部へ
受変電設備
自家用電気室
借室電気室

マンション付属の給排水、電気等の設備の耐用年数は15年程度（減価償却資産の耐用年数に関する省令）。共用部分の修繕工事の7割は排水設備に関するものと言われる。電力供給は、全住戸と共用部をまとめて50kW以上として契約している場合には、借室電気室[※]からまとめて電力供給する形をとる。ただし共用部の電力供給だけで50kWを超えるような大規模なマンションの場合には、共用部用の自家用電気室を別途設けて借室電気室から独立させる

※ 借室電気室とは、電力会社が無償で建物内に借りるスペースのこと。ここに高圧のソケットを準備し、マンション側がキュービクルを設置する

マンションの専有部

専有部とは「区分所有者が購入した住戸」を指す。躯体の内側を範囲とし、コンクリートの躯体は専有部に含まないが、躯体と天井・床の間の空間は専有部となるため、ここを通る給水給湯管や配線などは専有部とされる。また、玄関ドアは内側は専有部、外側は共用部とされ、外側の色やデザインを勝手に変えることはできない

専有部と共用部一覧

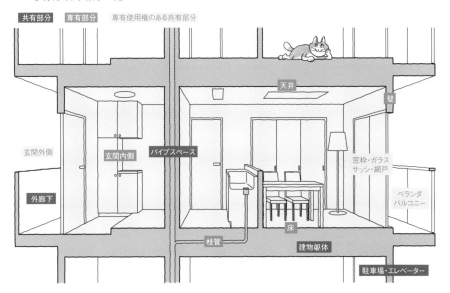

共有部分　専有部分　専有使用権のある共有部分

天井
壁
玄関外側
玄関内側
パイプスペース
窓枠・ガラス
サッシ・網戸
外廊下
ベランダ
バルコニー
床
枝管
建物躯体
駐車場・エレベーター

給水管の区分

パイプスペース内は他の住戸とつながっているため、ややこしい箇所である。一般的に、縦の配管は共用部、横に伸びる枝管は専有部として扱うことが多い。専有部の修理やメンテナンスは、区分所有者の責任において行う必要がある。マンションでは、給湯設備の更新タームが他の設備に比

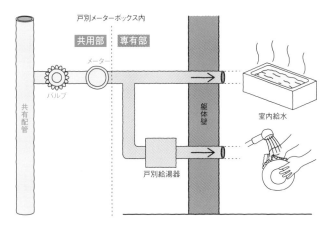

戸別メーターボックス内
共用部　専有部
メーター
バルブ
共有配管
躯体壁
室内給水
戸別給湯器

べて短いため、配管の更新性の向上を図るべく、**さや管ヘッダー工法**が用いられることが多い。これはブルー（給水用）やピンク（給湯用）の「さや管（合成樹脂管の保護管）」を躯体工事の段階であらかじめ躯体内に敷設しておく工法。給水・給湯配管の工事のフェーズに入ってから、合成樹脂管（ホース）をさや管に通せばよい。施工が簡単で、継手部材の使用数も抑えられるため、漏水の危険性も少ないなどメリットが多い

戸建住宅の建築設備①

生活の基盤となる戸建住宅を設計する際には、さまざまな建築設備機器についての検討が必要です。ここでは、戸建住宅で心地よく安全に暮らすために必要な**空気調和・換気設備、電気設備**についてご紹介します。

空気調和・換気設備いろいろ

冷暖房設備
年間を通じて、建物の温度を快適に保つために必要な設備。暑いときは涼しく、寒いときは暖かくといった「温度の調整」が可能である（住宅の場合、湿度調整は簡易的な機器が多い）。代表的な設備としては、家庭用ルームエアコンや床暖房などが挙げられる。快適性の確保だけではなく、ランニングエネルギーを抑えて省エネルギー化するための配慮も必要になる

空気調和設備
温度に加え、気流や湿度、空気清浄などもコントロールできる設備を空調設備と呼ぶ。一般的な戸建住宅への導入はややハードルが高い

換気設備
建物内で発生した汚染された空気を外部に排出し、新鮮な外気を取り入れて換気することで快適な室内環境を保つための設備。機械の騒音や外気の取り入れ方など周辺環境への配慮が必要である

電気設備いろいろ

電力引込み設備
前面道路の電線から電力を引込むための設備。近年では家庭内で使用する電子機器が増加しているため、必要電力量も増している。将来のさらなる機器増を見込み、余裕のある容量の電気を引込んでおくとよい

電灯コンセント設備
照明器具のスイッチやコンセント設備のこと。各室に必ず設ける必要があるうえ、電気設備のなかでも、もっとも使い勝手に直結する設備である。デザイン性も求められるため、建主の志向やライフスタイルを把握しておこう

通信設備
インターネットや電話などに関する設備。宅内LANの構築や無線LANの設定など、考えることは多岐に渡る。今や通信環境は日常生活の中でもかなり大切なポイントになっているため、電力引込み設備と同様、予備のスペースをつくっておこう

テレビ設備
屋上にアンテナを立て、テレビ電波を受信するための設備。ケーブルテレビ会社と契約したり、光ケーブル経由で受信する方法もある

住宅用火災報知器
消防法により設置が義務付けられている。万が一の際、逃げ遅れなどを防ぐため、原則として寝室や階段などの天井や壁に設置する。火災の初期段階で煙や熱を自動的に感知し、警報音などで建物内の人に火災発生を知らせる仕組み

住宅の空気調和・換気・電気設備の例

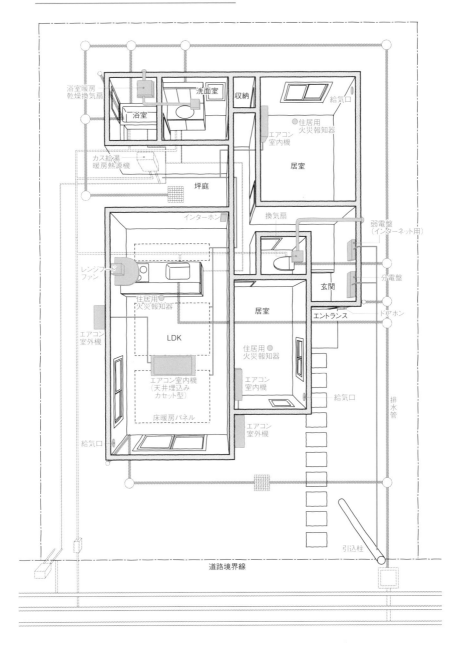

浴室暖房
乾燥換気扇

洗面室

収納

給気口

住居用
火災報知器

浴室

エアコン
室内機

居室

ガス給湯
暖房熱源機

坪庭

インターホン

換気扇

弱電盤
（インターネット用）

レンジフード
ファン

分電盤

玄関

住居用
火災報知器

エントランス

ドアホン

エアコン
室外機

居室

LDK

住居用
火災報知器

エアコン室内機
（天井埋込み
カセット型）

エアコン
室内機

給気口

排
水
管

床暖房パネル

エアコン
室外機

給気口

引込柱

道路境界線

戸建住宅の建築設備②

生活の基盤となる戸建住宅を設計する際には、さまざまな建築設備機器についての検討が必要です。ここでは、戸建住宅で心地よく安全に暮らすために必要な**給排水衛生設備**についてご紹介します。

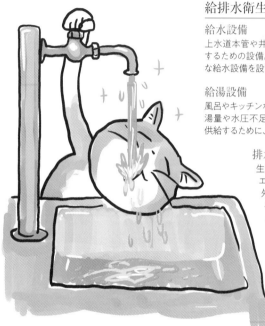

給排水衛生設備いろいろ

給水設備

上水道本管や井水から生活上必要な水を入水し、供給するための設備。水量や水圧不足が生じないよう、適切な給水設備を設置する必要がある

給湯設備

風呂やキッチンなどに加熱した水を供給するための設備。湯量や水圧不足を防ぎ、給湯器などから適切な湯量を供給するために、適切な給湯設備を選択する必要がある

排水通気設備

生活する中で発生した汚水や雨水、湧水、エアコンのドレン水などを速やかに敷地外に排出するための設備。適切に配置することで住宅内の衛生を保ち、室内の異臭や排水時の異音なども予防できる

ガス設備

給湯や調理、発電などのために建物にガス管を引込み、燃料として利用するための設備。都市ガスとLPガスの2種類がある。ガス漏れによる事故などが起こらないよう、高い安全性が求められる設備

給排水に関するインフラの事前調査内容

基本計画を立てる際には、インフラに関する事前調査が必須。ここでは水道局での調査ポイントを紹介する。下水道局については202～203頁を参照。同ページの図も合わせて参照のこと

水道局での調査内容

①上水道台帳で、前面道路の水道管本管の位置と管径、計画敷地における既存の給水引込み管の有無と位置、口径を確認する

②使用予定の給水引込み管の口径を局の担当者に申告し、新規引込みや再利用の可・不可について確認する

③建物規模を申告し、予定している給水方式の可・不可

を確認する

④メーター設置予定場所の可・不可を確認する。水道直結方式の場合は水道局の指導があるので要注意

⑤水道加入（負担）金の有無を確認する

⑥確認申請前の事前協議の有無を確認する

住宅の給排水衛生設備の例

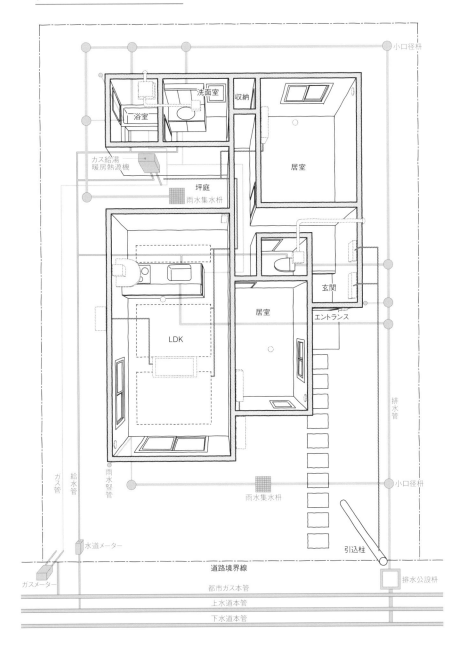

小口径枡

収納

洗面室

浴室

居室

ガス給湯
暖房熱源機

坪庭

雨水集水枡

居室

玄関

エントランス

排水管

LDK

小口径枡

雨水竪管

雨水集水枡

引込柱

水道メーター

道路境界線

排水公設枡

ガスメーター

ガス管

給水管

都市ガス本管

上水道本管

下水道本管

住宅計画敷地の事前調査

建築設備の基本計画を立てる際には、必ず事前に計画敷地でインフラ設備について調査します。現地に足を運ぶ前に、上下水道や供給会社、役所に出向く必要があります。これを怠ると後の建築計画に大きな影響を与えますので、念入りに調べておきましょう。

インフラの事前調査内容

水道局での調査内容については201頁参照

下水道局での調査内容

①下水道台帳で、前面道路の水道管本管の位置と管径、計画敷地における既存の排水公設桝の有無と位置、放流管の口径を確認する（下水道台帳は、下水道局によってはインターネット経由でダウンロード可能）
②計画敷地が合流地域か分流地域か確認する。分流方式の場合は、雨水の処理方法を確認する
③既設の排水公設桝がある場合は再利用の可・不可を確認。ない場合は新設設置の可・不可を確認する
④下水道加入（負担）金の有無を確認する
⑤確認申請前の事前協議の有無を確認する
⑥雨水の流出抑制の指導の有無を役所などに確認する

ガス会社（都市ガス）での調査内容

①前面道路の都市ガス本管の位置と管径、計画敷地内における既存のガス引込管の有無と位置、口径を確認する（ガス会社によってはインターネット経由でのダウンロードや、電話での確認も可能）
②建物全体のガス使用量を担当者に申告し、新規引込みの可・不可を確認
③前面道路からの新規引込みが不可の場合、ガス会社負担による都市ガス本管の延長が可能かどうか、供給管の延長協議を申告する
④都市ガス引込みが不可の場合、LPガスで計画する

私設下水マンホール

私道などに設置されている。公的機関のマークがなく、さまざまな形状がある

排水公設桝

公道部分や敷地内に設置されている

道路用雨水集水桝

公設桝ではないので注意

消火栓

下部に上水道本管あり

下水道本管マンホール

下部に下水道本管、雨水本管あり

電話・電力ハンドホール

下部に電話電力幹線ケーブルあり

現地調査のチェックポイント

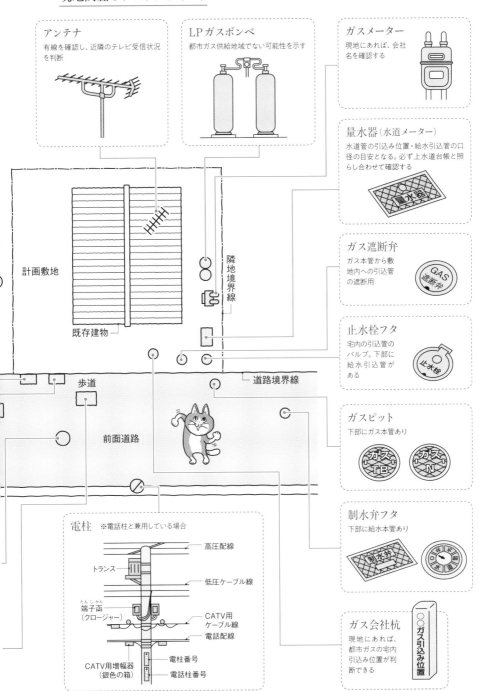

アンテナ
有線を確認し、近隣のテレビ受信状況を判断

LP ガスボンベ
都市ガス供給地域でない可能性を示す

ガスメーター
現地にあれば、会社名を確認する

量水器（水道メーター）
水道管の引込み位置・給水引込管の口径の目安となる。必ず上水道台帳と照らし合わせて確認する

ガス遮断弁
ガス本管から敷地内への引込管の遮断用

GAS
遮断弁

止水栓フタ
宅内の引込管のバルブ。下部に給水引込管がある

止水栓

ガスピット
下部にガス本管あり

ガス
TB

ガス
N

制水弁フタ
下部に給水本管あり

制水弁

ガス会社杭
現地にあれば、都市ガスの宅内引込み位置が判断できる

ガス引込み位置

計画敷地

既存建物

隣地境界線

歩道

道路境界線

前面道路

電柱 ※電話柱と兼用している場合

高圧配線

トランス

低圧ケーブル線

端子函（クロージャー）

CATV用ケーブル線

電話配線

CATV用増幅器（銀色の箱）

電柱番号

電話柱番号

給排水衛生

設備設計図はさまざまな記号で表記されています。それぞれの記号の意味をしっかり理解する必要があります。ここでは給排水衛生設備に関わる設備記号と姿図を説明します。

ガスコンセント

床埋込み型

壁埋込み型

ガスメーター

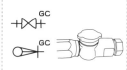

ガスコック

GC
GC

仕切弁

Gv
Gv

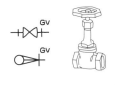

逆止弁

電磁弁

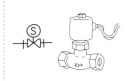

Y型ストレーナー

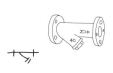

空気抜き弁 (吸排気弁)

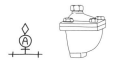

防振継手 (ステンレス)

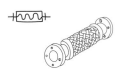

ポンプ

水中
ポンプ

陸上ポンプ

防振継手 (ゴム)

集合管継手

連結送水管送水口

連結送水管放水口

屋内消火栓箱

1号消火栓の場合は1を、
2号消火栓の場合は2を、
易操作性1号消火栓の場合は
易1を右上に記載しよう

設備設計図はさまざまな記号で表記されています。それぞれの記号の意味をしっかり理解する必要があります。ここでは電気に関わる設備記号と姿図を説明します。

壁付きコンセント

アース付き

マルチメディアコンセント

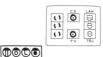

床コンセント

防水型コンセント

テレビアウトレット

 壁付き

床付き

電話アウトレット

 壁付き

床付き

壁付き

煙式感知器

定温式スポット型感知器

差動式スポット型感知器

分電盤

弱電盤

屋外灯

設置する場所や用途によってコンセントやスイッチの形状も変わるので注意!

設備記号と姿図③　空調換気

設備設計図はさまざまな記号で表記されています。それぞれの記号の意味をしっかり理解する必要があります。ここでは空調換気に関わる設備記号と姿図を説明します。

壁付き吹出口または
吸込口(VHS型)

天井付き吹出口
(アネモスタット・丸型)

天井付き吹出口
(アネモスタット・角型)

ノズル型吹出口
(ストレート型)

ダクト用換気扇
(中間取付型)

ダクト用換気扇
(天井埋込み型)

壁付換気扇

消音エルボ

風量調節ダンパー

VD

逆流防止ダンパー

CD

排煙口

手動
解放装置

ベントキャップ

参考文献

『建築設備実用語辞典』紀谷文樹、前島 健、酒井寛二、伊藤卓治編／井上書院

『公共建築設備工事標準図　機械設備工事編／電気設備工事編』／国土交通省

『建築家のための住宅設備設計ノート』知久昭夫著／鹿島出版会

『設備エンジニアのための電気設備』奥村克夫著／オーム社

『図とキーワードで学ぶ 建築設備』飯野秋成著／学芸出版社

『図とキーワードで学ぶ 建築環境工学』飯野秋成著／学芸出版社

『図説 建築設備』村川三郎監修、芳村専司、宇野朋子編／学芸出版社

『図説 やさしい建築設備』伏見 建、朴 賛弼著／学芸出版社

『イラストでわかる建築設備』山田信亮、菊地 至、打矢瀅二、中村守保著／ナツメ社

『世界で一番やさしい建築設備 最新改訂版』山田浩幸監修／エクスナレッジ

『建築設備パーフェクトマニュアル 2022-2023』山田浩幸著／エクスナレッジ

『建築知識 2021年10月号・設備の新常識』／エクスナレッジ

索引

著者略歴

飯野秋成

東京工業大学工学部建築学科卒。同大学院総合理工学研究科社会開発工学専攻修了、博士(工学)。大阪芸術大学通信教育部芸術学部卒、学士(芸術)現在、新潟工科大学工学部工学科 建築都市学系教授。長岡造形大学非常勤講師。建築設備、建築環境工学、設計製図、建築系CAD、等の授業を担当。建築系大手予備校においても、学科Ⅰ(計画)、および学科Ⅱ(環境・設備)のレクチャーを精力的にこなす

ぜんぶ 絵で わかる❷ 建築設備

2022年11月 4 日　初版第1刷発行
2024年 4 月19日　　　　第4刷発行

著者
飯野秋成

発行者
三輪浩之

発行所
株式会社エクスナレッジ

〒106-0032東京都港区六本木7-2-26
https://www.xknowledge.co.jp/

問合せ先
[編集] tel 03-3403-1381／fax 03-3403-1345
　　　 info@xknowledge.co.jp
[販売] tel 03-3403-1321／fax 03-3403-1829